UNA SONRISA CON PROPÓSITO

Un viaje para amarte
a pesar de tus marcas

Sherly Santiago

Una sonrisa con propósito, © Sherly Santiago, 2025

Una publicación independiente de Sherly Santiago.

Todos los derechos reservados, San Juan, Puerto Rico.

ISBN 979-8-218-42689-7

Correo electrónico: sonrisasconpropositoinfo@gmail.com

Equipo de autopublicación:

**EMPRENDE
CON TU LIBRO**

Mentoría en autopublicación estratégica y gerencia editorial:
Anita Paniagua
www.emprendecontulibro.net

Edición estratégica y corrección de prueba: Mariangely Núñez Fidalgo
arbola.editores@gmail.com

Diseño gráfico y portada: Amanda Jusino
www.amandajusino.com

Fotografía de la autora: Raúl Romero Photography
raulromerophotography@gmail.com

UNA
SONRISA
CON
PROPÓSITO

Un viaje para amarte
a pesar de tus marcas

Sherly Santiago

Dedicatoria

Para mi querida Güelin,

Tu legado de amor y sabiduría ilumina mi vida. Eres mi eterna fuente de inspiración. Te extraño y sé que sigues guiándome con tu amor desde el cielo. Estoy segura de que estás muy orgullosa de todo lo que he logrado.

Con amor,

She

Tabla de contenido

Agradecimiento

Agradezco sinceramente a todas las personas que han sido parte fundamental de mi viaje en la creación de *Una sonrisa con propósito*. En particular, quiero expresar mi gratitud:

A mis padres, quienes me han amado incondicionalmente y me han aceptado tal como soy. Su amor y apoyo han sido mi base y mi inspiración para embarcarme en este viaje de desarrollo personal.

A mis hijos, quienes son la razón por la que me levanto cada día con un propósito renovado. Su alegría y curiosidad por la vida me recuerdan constantemente lo valiosa que es.

A mis hermanos, para quienes siempre he querido ser un ejemplo de perseverancia y amor propio. Sus sonrisas y apoyo incondicional han sido un regalo de mucho valor en mi vida.

A mi esposo, quien ha estado a mi lado, apoyándome en cada paso de este viaje, incluso en mis momentos más audaces y excéntricos. Tu amor y paciencia son invaluables.

A todas las personas que han sido parte fundamental en la creación de este libro.

A todo el equipo de producción de Emprende Con tu Libro, quienes han trabajado incansablemente para que este proyecto se hiciera realidad. Su profesionalismo y compromiso han sido esenciales en cada etapa de este camino.

A mi mentora, Anita Paniagua, por su invaluable guía, apoyo y sabiduría a lo largo de todo este proceso. Tus consejos y tu inspiración han sido cruciales para dar vida a este proyecto.

A mi editora, Mariangely Núñez-Fidalgo, por su dedicación y atención a los detalles. Tu talento y esfuerzo han hecho que cada palabra de este libro resuene con claridad y propósito.

A mi diseñadora, Amanda Jusino, por tu creatividad y visión artística. Gracias por dar forma y color a este sueño, haciendo que las ideas se transformen en imágenes impactantes y llenas de significado.

Gracias a todos por creer en mí y en *Sonrisas Con Propósito*. Este libro es un reflejo del esfuerzo colectivo, y sin ustedes no hubiera sido posible.

A mis lectores, gracias por embarcarse en este viaje conmigo, por confiar en estas palabras y por buscar un camino hacia un amor propio más profundo y un propósito más significativo. Su crecimiento es mi mayor recompensa.

Que cada sonrisa que encuentres en estas páginas te inspire a descubrir tu sonrisa con propósito. Gracias por ser parte de este viaje.

Una boquita chula

Hace unos cuatro años, me enfrenté a una experiencia que puso a prueba mi fortaleza y mi autoestima. Como dueña y directora de un colegio, siempre he sido estricta en cuanto al reglamento y las normas. Un lunes de junio, una madre llegó al colegio con su hijo, quien no llevaba el uniforme requerido para el campamento de verano. Al ser cuestionada, la madre alegó que no había tenido agua en su casa y no pudo lavarlo. Sin embargo, el niño indicó que llegaron de la playa tarde en la noche y su mamá no había podido lavar la ropa. La situación se tornó tensa y la madre terminó retirando a sus hijos del colegio.

Lo que sucedió después me tomó por sorpresa. Esta madre comenzó una campaña de difamación en las redes sociales, no solo contra el colegio, sino contra mí. Utilizó el apodo #boquitachula, haciendo referencia a una deformación que tengo de nacimiento conocida como labio leporino. A pesar de que ella era trabajadora social y, en teoría, tener conocimientos sobre conducta humana, parecía que no podía aplicarlos en su propia vida. Amigos y familiares me mostraban capturas de pantalla de sus comentarios. Mis padres estaban furiosos y mi hija, indignada. Pero, honestamente, nunca le di importancia. Mi autoestima estaba en su punto más alto y comprendía que las personas a menudo proyectan sus propias frustraciones en los demás.

Una noche, mientras leía uno de sus comentarios, me surgió una idea. Pensé en todas las mujeres que podrían estar pasando por situaciones similares y cómo esos comentarios negativos podrían estar afectando su autoestima. Fue así como nació «sonrisas con propósito», una iniciativa destinada a empoderar a mujeres, ayudarlas a encontrar su valor interno y a amarse a sí mismas, a pesar de las críticas y los desafíos que la vida les pueda presentar.

El reflejo en el espejo

¿Qué es lo primero que te viene a la mente cuando te miras al espejo? Al mirarte, ¿has deseado ser otra persona?, ¿alguien diferente a lo que ves? (Yo sí... aunque ya no). ¿Sale tu voz a criticarte porque «no eres suficiente»?... suficientemente bonita o delgada o tonificada, que no te gustan tus labios, tu piel, tu lunar, tus ojos o tu mirada... ¿Te sientes merecedora? ¿Te sonríes a ti misma cuando te ves?

En el reflejo del espejo se revela el dolor de muchas jóvenes y mujeres. No es raro escucharlas expresar que se sienten «feas» o que «no son suficientes». Soy maestra de niñas adolescentes y es desgarrador ver cómo constantemente se comparan unas con otras, minando su autoestima con palabras hirientes hacia sí mismas. **Es un dolor que,**

desafortunadamente, se ha convertido en el acompañante silente de incontables almas que buscan su lugar en el mundo.

Quizás mi historia personal te resulte familiar. Fui esa niña y preadolescente que pudo haber sido considerada la más insegura en la faz de la tierra. La simple idea de pararme en público y hablar... *¡¿Estás loca?!* Eso para mí era equivalente a morir de vergüenza. Desde pequeña, siempre fui sumamente tímida. Me costaba mucho hacer amigos y no era de las que hablaban mucho. Cada interacción social era un desafío y cada mirada ajena se sentía como un juicio.

Siempre elegía las últimas sillas del salón en la escuela. Y cuando los maestros preguntaban algo, me hacía la que estaba profundamente inmersa en mi lectura o trataba de esconderme detrás de los libros, intentando desaparecer entre sus páginas. No sé si has vivido esa experiencia alguna vez, pero esa era mi realidad diaria. Además, nunca solía maquillarme, pues no sabía cómo pintar mis labios sin que se vieran mal debido a mi labio leporino, una malformación congénita, una abertura en el labio superior. Para añadir a todo esto, tuve que usar «braces» durante seis largos años de mi vida porque mis dientes no crecieron correctamente debido a mi condición. Tenía una combinación estética inusual en mi rostro, podrás imaginar lo extraño que se veía y cómo me miraban.

Sin embargo, a pesar de todo, estoy eternamente agradecida de los padres que me dieron la vida. Ellos siempre estuvieron ahí para recordarme lo valiosa que soy. Me decían: «Hija, tú eres hermosa», y esas palabras se convirtieron en el faro que iluminó mi camino hacia la aceptación y el amor propio.

Como maestra, directora y dueña de un colegio, cuento con más de 23 años de experiencia trabajando con jóvenes y mujeres. Muchas se me acercan con curiosidad para preguntarme qué siento al mirarme al espejo y ver mi labio leporino, me cuestionan cómo manejo las miradas cuando se quedan viendo mi rostro, cómo logro ser tan feliz, cómo trabajo mi autoestima, cómo encuentro la seguridad para hablar en público y mirar a las personas de frente, de qué manera me siento segura de mí misma y cómo mantengo la confianza en mi relación de pareja. En el eco de esas preguntas resuena la inseguridad, el autorechazo, el sufrimiento, las frustraciones... Afortunadamente, a través de todos estos años, también he sido testigo de las transformaciones en todas ellas.

El dolor puede transformarse en tu mayor fortaleza. Yo lo logré a pesar de mi condición. La apariencia facial es una parte crucial de nuestra identidad, y el labio leporino puede llevar a una persona a sentirse diferente o aislada. Más que una malformación física, esta condición es un desafío que puede tener un profundo impacto emocional, psicológico y social en quienes la padecemos. Es por eso que uno de los propósitos de este libro, uno muy crucial, es ayudarte a que te descubras como el ser único que eres y que ese sea tu punto de partida para apreciarte, valorarte y amarte.

Hoy puedo hablar en público con toda la seguridad y sin rastro de vergüenza, con mi labio leporino. ¿Cómo logré superar esos obstáculos que, para muchas, parecen insuperables?

A través de este libro, no solo te relato mi historia, más bien he querido compartir contigo una guía –con ejercicios prácticos– que te acompañe en el proceso, en esta travesía de reencontrarte, de sanar tus heridas y de fortalecer tu espíritu porque cada mujer, sin importar su edad o condición, merece amarse, valorarse y aceptarse tal como es, con sus luces y sus sombras.

Bienvenida a bordo...

...a un viaje hacia el descubrimiento de tu amor propio, tu autoestima y tu autoaceptación. A través de las reflexiones y los ejercicios prácticos que encontrarás en las páginas siguientes, espero que halles el valor y la inspiración para abrazar tu propio poder y brillar con una sonrisa llena de propósito en tu vida. Te invito a hacer un compromiso contigo para que juntas podamos construir un camino hacia una versión más fuerte, segura y feliz de ti misma. Sigamos unidas en este viaje de autodescubrimiento y crecimiento: este es el pasaje hacia ese destino.

PARTE 1

UNA
SONRISA
TRANSFORMADA

Mi primera sonrisa

Fui una bebé muy deseada. Mis padres llevaban muchos años de noviazgo y, en 1980, decidieron casarse. Desde ese momento, intentaron tener hijos, pero mi madre no lograba quedar embarazada. Estaba muy frustrada porque ser madre era su deseo más profundo. A pesar de su frustración, su amor por los niños la llevó a fundar ese mismo año su propia institución educativa, el Colegio La Monserrate, en el pueblo de Hormigueros, Puerto Rico.

Luego de tres años de matrimonio, mi madre pasó unas semanas enferma, con muchos vómitos. En esa época había unas pastillas que contrarrestaban esos síntomas, y las tomó durante varios días. Sin embargo, al no mejorar, decidió visitar al médico porque se sentía muy mal. El doctor realizó los análisis pertinentes y le dijo:

—¡Estás embarazada!

Mi madre asombrada le dijo al médico que era imposible, y con una risa jocosa el médico le respondió:

–Pues tus vómitos durarán nueve meses.

Ella comenzó a brincar de emoción, lloró, abrazó a mi padre y le dijo: «Amor, se nos dio ser padres, Dios hizo un milagro». Su corazón se desbordó de una felicidad inesperada; lo que habían deseado por tanto tiempo, finalmente se manifestaba.

Por supuesto, no puedo dejar de mencionar que, durante esos meses de embarazo, mi madre, que es una compradora compulsiva, ya tenía de todo preparado para su bebé. Se acabó la espera el 2 de marzo de 1983, a las 12:00 del mediodía, en el Hospital Perea de Mayagüez, y comenzó una nueva historia para mis padres. Fue el momento cumbre para conocer a su primogénita. El ginecólogo se vio en el dilema de cómo presentarles la bebé a unos padres llenos de ilusión. Sin más remedio, tuvo que explicarles que la niña había nacido con una deformidad en sus labios, conocida como labio leporino, en la que los tejidos de la cara y de la boca del bebé no se fusionan de manera adecuada. Luego les explicó cuáles eran los cuidados especiales para poder llevarse a su hija a su nuevo hogar.

«No se preocupe, señora, si se muere, usted es joven y puede tener más hijos».

El doctor les proporcionó instrucciones para alimentarme con jeringuilla hasta que pudiera ser operada, pero a los 20 días de nacida, me dio una fiebre muy alta y mis padres, alarmados, me llevaron de vuelta al hospital. Mi madre estuvo muy preocupada mientras realizaban los análisis necesarios. Luego, llegó la peor noticia que pueden recibir unos padres, especialmente, si son primerizos:

tenía meningitis. La fisura en mi labio me dejaba expuesta a muchos virus, y tenía que ser ingresada de inmediato. Solo me daban 48 horas de vida y el mundo de mis padres se derrumbó.

Mi madre me cuenta que el médico de turno les dio la noticia de una manera muy desapacible, les dijo: «No se preocupe, señora, si se muere, usted es joven y puede tener más hijos». Puedes imaginar la sensación de asombro, impotencia y rabia que sintieron en ese momento.

En situaciones así, uno puede sentirse completamente perdido. ¿Qué habría hecho yo? Es difícil decirlo sin estar en esa posición, pero en momentos de desesperación y dolor, uno busca aferrarse a la esperanza y a la fuerza del amor por su hijo. La lucha por la vida de un ser querido a menudo saca a relucir una fortaleza que muchos padres ni siquiera saben que tienen, impulsándolos a hacer todo lo posible para superar las adversidades. Aferrados a su fe, se mantuvieron positivos durante las 48 horas críticas que el médico había pronosticado. Una vez pasaron, la esperanza comenzó a crecer. Superé esas primeras horas y continué luchando durante 25 días en el hospital hasta que, milagrosamente, todo empezó a mejorar. Al recibir el alta, el pediatra les indicó que era necesario realizar la operación del labio lo antes posible.

Mis padres se dedicaron a buscar al mejor cirujano plástico para mí. Después de muchas investigaciones y recomendaciones, finalmente lo encontraron. En la cita de evaluación, el cirujano Miguel Vargas-Busquets indicó que la operación podría realizarse cuando cumpliera tres meses de edad y, claro está, les informó sobre el costo: $2,000.00 (dos mil dólares), una suma que en los 80 representaba un enorme desafío financiero para ellos. Mi madre apenas estaba iniciando su colegio con pocos estudiantes, y mi padre trabajaba en una fábrica de mahones. En ocasiones, solo tenían para comprar mis pañales y mi leche, pero su enfoque principal era poder costear mi operación. Comenzaron a buscar préstamos, a ahorrar y a minimizar gastos. Su determinación y amor incondicional los impulsó a superar todas las barreras económicas, con lo cual demostraron que la voluntad de unos padres dispuestos a todo por el bienestar de sus hijos no conoce límites.

Un dato curioso es que mi madre siempre ha jugado la lotería y en esas semanas comenzó a comprar boletos como de costumbre y ¿qué creen? mis padres ganaron un premio de la lotería de mil dólares, podrás imaginar la emoción de ellos, llegó una bendición del cielo.

El día de la operación fue uno lleno de ansiedad y preocupación para mis padres conscientes de que todo procedimiento quirúrgico conlleva riesgos y, en mi caso, no era diferente. Después de seis largas horas en el quirófano, la operación concluyó exitosamente. No obstante, este éxito marcó el inicio de un nuevo desafío: el cuidado postoperatorio, crucial para no dañar el trabajo realizado por el cirujano.

Inicialmente, para evitar que me lastimara, mis padres tenían que asegurarme y amarrar mis brazos en los barrotes de la cuna con unos brazaletes especiales. Los primeros días cumplieron con esta medida preventiva, pero el verme restringida, les partía el corazón. En un acto de compasión, decidieron llevarme a su cama, donde ellos, arrodillados a cada lado, sujetaban mis manos para evitar que tocara la zona operada. Y así, entre cuidados y amor incondicional, continuaron alimentándome con jeringuilla.

Las semanas pasaron y mi recuperación fue un triunfo. Mi labio ahora estaba sellado y, con cada día que pasaba, mostraba signos de una curación prometedora. La habilidad del cirujano, combinada con el incansable esfuerzo y amor de mis padres, me permitió superar un obstáculo más en mi joven vida.

Mis padres, con una tranquilidad renovada, me llevaban con orgullo a todas partes, ya sin el temor constante de que pudiera contagiarme con alguna enfermedad. **Exhibían mi presencia y mi recuperación como un trofeo de amor y resiliencia.**

Una sonrisa fracturada: «Esa niña está rajá'»

Mi padre recuerda una anécdota con especial emoción. Una vez, mientras paseábamos en el coche, una señora se acercó y comentó, tal vez con sorpresa o desconocimiento: «Esa niña está rajá'», refiriéndose a la cicatriz que aún era evidente en mi labio. Imagínate la mezcla de emociones que tal comentario despertaría en unos padres que habían atravesado mares de angustia y montañas de desafío. Mi padre, con el corazón lleno de amor y un toque de defensa paternal, le respondió con la verdad de mi historia, una que estaba marcada por la victoria sobre las adversidades y no por las huellas visibles de mi pasado. **La cicatriz no era un**

signo de fractura, sino un símbolo de unión y curación, una marca de lucha que recordaba la valentía y la fuerza de sus espíritus aún en los momentos más vulnerables de nuestras vidas.

Mi madre solía relatar que los vecinos y otras personas del pueblo de Hormigueros, donde vivíamos, a menudo encontraban excusas para visitar nuestra casa. Su único propósito era verme, y lo primero que hacían al llegar era quitarme el chupete para observar mi cicatriz, la cual había suscitado numerosos comentarios en todo el pueblo. La gente murmuraba con asombro: «¿Ya has visto a la hija de Mildred? No tiene labio».

Según mi madre, las expresiones de sorpresa y desdén eran una constante en los rostros de aquellos que me miraban, dejando una marca imborrable tanto en su memoria como en la de mi padre. Según ellos me relatan, sus experiencias al ver las reacciones de las personas hacia mí cuando era niña, me traen a la mente una imagen que se asemeja a las exhibiciones de circo del siglo XX, donde la gente acudía para ver a personas con deformidades. Era una época cuando la curiosidad se mezclaba con la falta de conocimiento y sensibilidad. **Al recordar esas situaciones, puedo percibir cómo la ignorancia y la inmadurez de las personas pueden herir profundamente el corazón de otros.**

En ocasiones, esa expresión que se repetía en el pueblo, *¿Ya has visto a la hija de Mildred?*, resonaba como un eco de insensibilidad y juicio. Era un recordatorio de cómo las miradas y palabras de los demás pueden impactar la vida de una persona, en este caso, la de mis padres. Esa falta de entendimiento y compasión de algunos dejaron una huella indeleble en su memoria.

La sonrisa
que provocan
los sueños

Desde el año de nacida, mi madre me llevaba a clases de natación en la YMCA de Mayagüez. Ella recuerda vívidamente ese primer chapuzón que despertó en mí un amor inmediato por el agua. Aquel lugar se convirtió en mi segundo hogar hasta que cumplí cinco años, cuando mis padres me matricularon en las clases de natación en el Colegio de Mayagüez (Recinto Universitario de Mayagüez). Fue allí donde di un paso más por este deporte y me uní al equipo de natación del colegio.

Las competencias de natación se convirtieron en mi gran pasión. Siempre les decía a mis padres cuánto me gustaba estar allí, en el agua, sintiendo la emoción de cada carrera y el entusiasmo de competir. Para mí, la piscina era un lugar donde podía ser libre, expresar mi amor por el deporte y dejar a un lado cualquier preocupación o desafío diario. La natación no era solo un deporte para mí; era una parte esencial de quien yo era.

Desde una edad temprana, tuve un sueño que irradiaba en mi corazón como una estrella brillante en la noche: quería ser una nadadora profesional y representar a mi país en los Juegos Olímpicos. Tenía un potencial que mis entrenadores y mi familia notaban y, a los cinco años, ya me destacaba en mi grupo de natación.

Pasaron los años y mi dedicación a la piscina creció. A los doce años, me habían trasladado al grupo de los nadadores avanzados, dentro del cual comenzaría a entrenar para competencias a nivel Isla. Mis sueños estaban a punto de materializarse. Sin embargo, también enfrentaba un reto constante en mi vida: las burlas sobre mi labio leporino.

Desde que tengo memoria, mi labio había sido diferente y, aunque era una parte de mí que aprendí a amar, a menudo se convirtió en el objeto de las burlas de mis compañeros de entrenamiento. Cada vez que llegaba a mis prácticas de natación, me marcaba profundamente una realidad: era la única niña en mi grupo. Recuerdo claramente esos momentos, no solo por el reto que representaba entrenar entre varones, sino también por las reacciones que provocaba mi presencia. A menudo, los chicos empezaban a reírse y a lanzar comentarios crueles como «Llegó la que no tiene labio con los dientes torcidos». Aquellas risas y palabras hirientes me golpeaban como olas agresivas en el mar. A pesar de mi pasión por la natación, cada vez que sucedía, sentía que una parte de mi confianza se desmoronaba.

Un día, durante una práctica, ocurrió de nuevo. Los chicos de mi grupo comenzaron a burlarse de mi labio de una manera que me hizo sentir más vulnerable que nunca.

Recuerdo vívidamente aquel momento en que nuestro entrenador anunció que realizaríamos una competencia interna decisiva. Esta práctica determinaría quién de nosotros representaría a Puerto Rico en su primera competición importante. Con determinación y pasión por la natación, me lancé al agua.

Durante esa práctica, competí con toda mi fuerza y habilidad, superando en varias ocasiones a mis compañeros. Me destacaba como la más rápida del grupo, y ganaba en todas las carreras. A pesar de mi rendimiento excepcional, la reacción de mis compañeros fue de enfado y resentimiento. Al verse superados por una niña, comenzaron a lanzar comentarios crueles y despectivos hacia mí, me dijeron que no sería escogida para representar al equipo debido a mi apariencia. Me dijeron que era muy fea, que tenía la boca «rota» y que una niña como yo no podía ir a competencias de ese nivel.

En ese momento, mi reacción sorprendió incluso a mi padre, quien siempre me había visto como una luchadora incansable. Le dije que no deseaba estar más en el grupo de natación. Las palabras salieron de mi boca con una determinación que me sorprendió a mí misma. Mi padre, quien había sido mi mayor apoyo en mi sueño de convertirme en una nadadora profesional, quedó atónito con mi decisión. Sabía cuánto amaba la natación y cuánto había avanzado. También sabía que en esa etapa de mi vida estaba descubriendo quién era y cómo quería enfrentar el mundo.

Aunque mi renuncia a la natación en ese momento pareció una derrota, fue un paso crucial en mi viaje hacia el

amor propio. Estaba en plena preadolescencia, en un período de autoexploración y autoaceptación. Mi labio ya no sería el motivo por el cual abandonaría mis sueños. Con el tiempo descubriría cómo amarme a mí misma por completo –con todas mis imperfecciones–, y aprendería a seguir persiguiendo mis metas con determinación y confianza en mi propio ser. Fue el comienzo de una travesía que me llevaría a un amor propio más profundo y a la reafirmación de mis sueños, pero **también me enseñó que el viaje hacia el amor propio es un camino único y personal que todos enfrentamos en algún momento de nuestras vidas.**

Una sonrisa rebelde

Mi madre y yo estuvimos en constante conflicto durante mis años de adolescencia. Yo detestaba peinarme, me encantaba usar ropa ancha y mientras más sucios estuvieran mis tenis, mejor. Las chanclas de *surfers* estaban muy de moda en mi época; los que crecieron en los 80 entenderán. Las usábamos con cualquier atuendo desde vestidos hasta trajes de baño, tanto de día como de noche, yo me aferraba a ellas con fervor juvenil. Mi madre, siempre impecable y elegante, apenas podía disimular su desagrado al verme con esas chanclas, que desentonaban completamente con su estilo refinado, y lo que yo más deseaba era pasar desapercibida, que nadie me notara.

Un día, cerca de mis 13 años, harta de las peleas con mi madre y de esos dolorosos tirones de pelo que me daba aquel cepillo de madera que parecía existir en cada hogar, tomé una decisión drástica. Fui a una barbería y le pedí al barbero que me afeitara la cabeza al ras. Se sorprendió y me preguntó si estaba segura mientras mencionaba lo largo que estaba mi cabello, pero yo, con una firmeza que ni yo misma reconocía, asentí. En ese instante, sentí que había solucionado mi problema. Al llegar a casa, la reacción de mi madre fue explosiva. Aseguró que estaba loca, mientras que mi padre simplemente quedó en «shock», sin palabras. **Creo que ese fue el comienzo de mis años rebeldes, cuando empezó a aflorar toda la ira y frustración que sentía por no saber quién era y por intentar encajar con los demás.**

Sin embargo, hubo un lado positivo en todo esto. Comencé a descubrirme, a entender lo que me gustaba y lo que me hacía sentir bien. Aprendí a expresar lo que sentía, aunque no siempre de la mejor manera. Con el tiempo, me di cuenta de que cuando defendía mis ideas o sentimientos, a menudo lo hacía de forma hiriente, liberando toda esa rabia y resentimiento que había acumulado durante años. Fue un viaje de autodescubrimiento y crecimiento, y aunque tuvo sus altibajos, me ayudó a convertirme en la persona que soy hoy.

La sonrisa auténtica

Comenzar a ser más auténtica ha sido una de las experiencias más liberadoras de mi vida. Siempre he sido una de esas personas a las que llaman «rara» por mis gustos y mi manera de ser. Pero he llegado a un punto en el que abrazo mi singularidad con orgullo y alegría.

Me encanta ser auténtica, y me siento más «yo misma» que nunca. Es extraño, pero ahí estoy yo, completamente feliz con quien soy. Me encantan los peluches y tengo una colección que adoro. Uso diademas temáticas que reflejan la época del año en la que estamos, y me hacen sentir más conectada con las festividades y la magia que acompañan cada estación. Mis bolsos y carteras están llenos de motivos infantiles que me hacen sonreír cada vez que los veo. Incluso en mi lugar de trabajo, mis materiales son coloridos y alegres, y no me avergüenzo de ello. Disfruto de los pequeños detalles y la diversión que aporta a mi día a día. Además, no puedo evitar disfrazarme para cada ocasión especial. La vida es demasiado corta para no abrazar la diversión y la creatividad que los disfraces pueden ofrecer.

Soy feliz tal y como soy, con todos mis gustos «inusuales». Mi autenticidad es una parte fundamental de quien soy y no la cambiaría por nada. **En un mundo que a veces presiona para encajar en ciertos moldes, ser auténtica es mi mayor logro y la clave de mi felicidad.** Recuerdo claramente cómo en la escuela, algunas chicas se esforzaban por agradar a los chicos y trataban de ser algo que no eran, cambiando su estilo y personalidad para cumplir con las expectativas de ellos. Me miraban de manera extraña y me decían cosas como «estás loca» cuando me veían usando cosas que me gustaban, como diademas temáticas o accesorios divertidos. Para ellas, la moda y lucir sexi eran lo más importante porque creían que eso era lo que atraería a los chicos. Las miraba con compasión en lugar de juzgarlas, porque entendía que estaban siguiendo una presión social y el deseo de pertenecer. Sin embargo, al mismo tiempo, me sentía firme en mi elección de ser auténtica y de abrazar mi propio estilo. No estaba dispuesta a cambiar quién era para encajar con las expectativas de los demás.

Me di cuenta de que no quería ser distinta a quien yo realmente era solo por agradar a alguien más. Mi autenticidad era algo que valoraba profundamente y prefería encontrar a alguien que me aceptara tal como era, en lugar de tratar de ser algo que no era para encajar en una imagen convencional de lo que se considera atractivo.

Dejar que mi personalidad brille y ser fiel a mí misma ha sido una de las decisiones más liberadoras que he tomado en mi vida. A lo largo del tiempo, he encontrado personas que valoran y aprecian mi autenticidad y he construido relaciones genuinas y significativas basadas en quienes realmente somos. En última instancia, descubrí que la verdadera belleza y atracción residen en ser una misma y en encontrar a quienes nos aman por lo que somos, sin pretensiones ni máscaras.

Es maravilloso descubrir y abrazar tu autenticidad. Es un regalo que te das a ti misma y al mundo que te rodea. En un mundo donde a menudo se nos presiona para encajar en ciertas normas o moldes, destacarte por tu singularidad y ser fiel a tus gustos y pasiones es algo valioso.

Tus gustos y preferencias son una parte hermosa de lo que te hace única y no tienes que sentirte avergonzada por ellos, son formas maravillosas de expresar tu personalidad y tu alegría interior. **Sé esa pieza del rompecabezas que nunca encaja. Sé libre.**

La vida es demasiado corta para conformarse con ser algo que no eres realmente. Sentirte feliz contigo misma tal como eres es un logro importante. Además, tu autenticidad puede inspirar a otros a ser fieles a sí mismos y a abrazar sus propias peculiaridades. La autenticidad es una de las cualidades más hermosas que una persona puede tener. Sigue siendo fiel a ti misma, sigue amando lo que amas y disfruta cada día como la persona única y auténtica que eres. **¡Tu autenticidad es un regalo que ilumina el mundo!**

La sonrisa intermedia

Durante mi etapa en la escuela elemental, tuve la bendición de estudiar en el colegio que mis padres habían fundado.

Sin embargo, este colegio solo ofrecía educación hasta sexto grado, lo que significaba que, para continuar mi educación intermedia y superior, tenía que cambiar de escuela. Imaginarás el terror que sentía al saber que me enfrentaría a un entorno totalmente nuevo.

Llegué aterrada el primer día en la nueva escuela. Apenas tenía once años y entraba a séptimo grado, no conocía a nadie y, para añadir más presión a la situación, estaba un grado adelantado, lo que me hacía siempre la más pequeña del grupo. Ese primer día, mi madre me acompañó y me dejó frente al plantel. Reunieron a todos los estudiantes en la cancha para darles la bienvenida al nuevo año escolar y, yo, mirando a todas partes, evitaba hacer mucho contacto visual. Esta era una estrategia que había aprendido para evadir a las personas, para evitar las burlas y las miradas fijas en mi labio. No puedo negar que me sentía completamente fuera de lugar, como una «cucaracha en un baile de gallinas».

La adaptación fue muy difícil. Era una niña tímida y me costaba hacer amigos, pero, con el paso de los días, algunas chicas del grupo comenzaron a acercarse a mí. Poco a poco, fui ganando confianza y empecé a sentirme más cómoda en mi nuevo entorno. Sin embargo, nunca faltaba quien me mirara de manera extraña y me preguntara qué me había pasado en el labio. **Estas experiencias, aunque desafiantes, fueron formando parte de mi camino de crecimiento y aprendizaje, y me enseñaron a enfrentar y superar las adversidades.**

La segunda operación

A los doce años y un año después de haberme adaptado al nuevo colegio, enfrenté otro gran desafío: mi segunda operación de reconstrucción del labio. Estaba iniciando la adolescencia y preocupada, le dije a mi madre: «¡Qué horror!, ¿y ahora cómo me voy a ver con esos puntos tan visibles?, ¿cómo voy a ir a la escuela de esta forma?». Estaba en negación. Sin embargo, mis padres me llevaron a la evaluación con el nuevo cirujano, el Dr. Gustavo Corvert.

Honestamente, el día de la operación estaba muerta de miedo. No sabía cómo quedaría mi labio y temía que el resultado fuera peor. La operación fue todo un éxito y, al llegar a casa, lo primero que hice fue mirarme en el espejo. Fue el peor error que cometí; como es de esperar, mi rostro estaba hinchado por el procedimiento. Me sorprendí mucho al verme, pero no podía hacer muchas expresiones para no lastimarme la herida. Pasé dos semanas comiendo por sorbetos y tomando caldos. Claro, no fui a la escuela durante ese tiempo, ¡no quería que me vieran así! Con el paso de los días, mi labio fue tomando su forma y me sentí más relajada. Cuando volví a la escuela, constantemente me tapaba el labio con la mano, ya que la cicatriz era muy marcada y faltaba una tercera operación para mejorarla. Al llegar al colegio, Miss Ivette, la maestra de Educación Física a quien yo quería mucho, me dijo: «Sácate las manos de la boca, te ves hermosa». Sus palabras me dieron confianza. Con el tiempo, todos en el colegio se acostumbraron y empezaron a ver mi labio como algo normal y me respetaron. **Fue un proceso de adaptación, tanto para mí como**

para los demás, pero me enseñó el valor de la resiliencia y del apoyo incondicional de quienes realmente se preocupan por ti.

Una sonrisa coqueta

Durante mi adolescencia, como es natural, comencé a fijarme en los chicos. Había uno en particular que me atraía, pero, sinceramente, los chicos no parecían fijarse mucho en mí. Veía a todas mis amigas del colegio con novios y rodeadas de pretendientes, mientras que conmigo nada, *¡coquí, coquí!*[1] Honestamente, no me quitaba el sueño. No era algo que tuviera prioridad en mi vida en ese momento o, al menos, así lo sentía. No había tenido experiencias con chicos. En ocasiones, ellos les decían a mis amigas que yo no era su tipo, que no era bonita. A esa edad, muchos adolescentes desean presumir de tener novias hermosas.

Cuando cumplí quince años, comencé a conocer a un chico que no era de mi escuela. Lo conocí a través de una amiga de mi madre y, con el tiempo, él me preguntó si quería ser su novia. ¿Pueden creer lo que contesté? Nunca un chico se había fijado en mí, así que, claro, dije que sí. Ah, pero yo no sabía un pequeño detalle: él se había separado de su novia, el amor de su vida y, ¿quién terminó siendo su paño de lágrimas y su solución temporal? Pues yo. Además, había otro aspecto que no había considerado: él me llevaba cuatro años, tenía diecinueve. Pero el asunto no se quedó ahí, de la primera vez que estuvimos juntos, adivinen…

---

[1] Expresión boricua cuando no hay respuesta, solo silencio o que no pasa nada.

A los 16 años, mi vida dio un giro inesperado. Siempre tuve períodos menstruales muy irregulares, con retrasos de varios meses, así que cuando tuve un atraso de cuatro meses, pensé que se trataba de otra irregularidad. Sin embargo, esta vez, algo era diferente: comenzaron los antojos extraños y una fatiga que no podía sacudirme de encima. Con un presentimiento creciente, decidí hacerme una prueba de embarazo. ¡Cómo olvidar la fecha! Fue un 2 de enero de 2000. El resultado me dejó sin aliento: un positivo inequívoco, del susto tiré la prueba al zafacón y ese día fui la más cooperadora en mi hogar: me dio por sacar la basura… Ya sabrás por qué: no quería que mis padres encontrarán la prueba. Quedé embarazada, una noticia que tomé con una mezcla de emoción y temor. Definitivamente, el estar haciendo las cosas a escondidas no me resultó, aunque no fue por falta de consejos. En esa etapa de mi vida, me encontré enfrentando una realidad completamente nueva y desafiante. Los consejos y advertencias de mis padres, que en su momento no tomé en serio, cobraron un significado totalmente diferente. La noticia del embarazo trajo consigo una mezcla de emociones y decisiones importantes que debía enfrentar, una situación que nunca imaginé a esa edad.

Por un tiempo, mantuve el secreto oculto de mi madre, insegura de cómo decirle tal noticia, especialmente, al considerar que yo asistía a un colegio privado y religioso donde, de saberse, no me permitirían terminar mi último año. La verdad salió a la luz el día que mi madre fue a recogerme al colegio. Me llevó directamente al ginecólogo y, allí, cuando el doctor colocó el «doppler» (ultrasonido), los latidos del corazón del bebé resonaron por toda la habitación y desencadenaron un torrente de emociones. Mi madre se puso furiosa al instante. Yo sabía que había llegado el momento de enfrentar lo que estaba por venir. Un silencio incómodo llenó el espacio cuando mi madre, con una mirada penetrante, me preguntó si sabía de qué era ese sonido. Asustada y sin palabras, solo pude mirarla; ya lo sabía desde hacía semanas. «*Wow*, no puedo creerlo, después de darte toda mi confianza. Espera a que tu padre se entere… serás tú quien se lo diga», dijo con una mezcla de asombro y decepción. Ella sabía que mi Talón de Aquiles era mi padre; él es todo para mí y lo menos que quería en la vida era decepcionarlo.

El viaje de regreso a casa estuvo marcado por un silencio pesado, roto únicamente por la voz inquisitiva de mi madre sobre por qué lo había hecho, mencionando la confianza que había depositado en mí y las conversaciones sobre sexualidad que habíamos tenido para evitar precisamente estos errores. Sumida en mi propia perturbación, no respondí. Al llegar a casa, me dirigí directamente a mi habitación, pero no tardó en seguirme mi madre, acompañada de mi padre. «Dile a tu papá lo que tienes que decirle», instó ella. Con el alma desmoronada y entre sollozos, revelé a mi padre, al ser que más amo en esta tierra, que estaba embarazada. A pesar de todo, él respondió con un abrazo y palabras de apoyo: «Lo hecho, hecho está. Ahora hay que asumir la responsabilidad de ser madre».

Un dato curioso: mi madre también estaba embarazada de su tercer hijo, lo que significó que mi hija y mi hermano tienen apenas un mes y dos días de diferencia. La sobrina es mayor que su tío.

Que no se me note

Me vi en la necesidad de adoptar una estrategia bastante peculiar para evitar problemas con la administración escolar. Tenía que ocultar mi barriga para que no fueran a suspenderme. Mi solución a este dilema fue llevar abrigos al colegio. Aunque esto parecía una decisión poco convencional dada la cálida climatología de la Isla, no tenía muchas opciones. Los abrigos me permitían camuflar mi barriga sin levantar sospechas evidentes, aunque los calores que pasé en ese periodo eran intensos y difíciles. Los meses de febrero a mayo fueron particularmente complicados, ya que el calor en Puerto Rico se volvía insoportable. Lo que me hacía sentirme menos sola en esta extraña travesía era que mis amigas también estaban al tanto de mi situación. Compartíamos un secreto que nos unía: todas utilizábamos abrigos para disipar las sospechas y evitar cualquier complicación con las autoridades escolares. Era casi cómico ver cómo, en plena primavera y verano, bajo un sol abrasador, nos paseábamos con nuestros abrigos intentando mantenernos frescas y a salvo de miradas inquisitivas. Ja ja ja... a veces la vida nos pone en situaciones tan peculiares, que no nos queda más remedio que adaptarnos creativamente para salir adelante.

El colegio finalmente se enteró de mi situación a finales del mes de mayo y, adherido a sus rígidas normas, decidieron que me darían el grado, pero no me permitirían participar en la ceremonia de graduación de cuarto año. Fue un momento de cambio que marcó el inicio de un viaje totalmente inesperado en mi vida. Sin embargo, mientras muchos veían esto como un problema o un obstáculo en mi camino, elegí verlo de manera diferente: como una motivación. Se convirtió en mi mayor bendición. La maternidad temprana no fue una razón para detenerme, al contrario, se convirtió en un impulso para superar obstáculos y alcanzar mis metas de estudios universitarios y mis sueños. Sabía que tenía un potencial dentro de mí que estaba listo para florecer y estaba decidida a demostrar que podía hacerlo, incluso con las responsabilidades adicionales que la vida me había dado. Mientras el mundo exterior dudaba de mis capacidades y me decía que no era suficiente o capaz, mantenía una firme creencia en mi propio potencial. Tenía la certeza de que terminaría mis estudios y me convertiría en una profesional. No permitiría que los estereotipos ni las opiniones negativas me desviaran de mi camino.

El padre de mi hija y yo nos habíamos casado y, como era de esperarse de una relación entre personas tan jóvenes, terminamos separándonos y divorciándonos cuando mi hija tenía apenas diez meses de nacida. Él continuó con su vida normal y yo me quedé con toda la responsabilidad a cuestas, claro, con la ayuda incondicional de mis padres. Mi hija nació en el mes de junio de 2000 y, en agosto, comencé en la universidad. Trabajaba en el colegio de mi madre durante el día, de 7:00 a. m. hasta las 4:00 p. m., y de 5:00 a 10:00 p. m. asistía a la universidad, de lunes a jueves. Llegaba a buscar a mi hija a casa de mis padres, a las 10:30 de la noche, para atenderla y, luego de que se quedara dormida, comenzaba a estudiar y hacer tareas hasta las dos de la madrugada.

Ya en mi tercero y cuarto año universitario, tomaba clases de lunes a sábado para poder culminar mi grado. Mi hija pasaba la mayor parte del tiempo con mis padres, y la recogía en las noches. En ocasiones, cuando llegaba a recogerla, ella estaba dormida y decidía dejarla para no interrumpir su sueño. Pero eso no me detuvo en mi camino hacia el éxito y la superación personal. La maternidad me proporcionó una motivación extra: quería ser un modelo a seguir para mi hija, mostrarle que, con esfuerzo y perseverancia, podía lograr cualquier cosa que se propusiera. Cada noche de estudio y cada examen aprobado no solo eran pasos hacia mi sueño; también eran ejemplos vivos de que cuando tenemos confianza en nosotras mismas y creemos en nuestro potencial, somos capaces de superar cualquier obstáculo.

Así que, con mi bebé en brazos y una determinación inquebrantable en el corazón, perseveré. Terminé mis estudios en Educación en la Universidad Interamericana, de San Germán, me convertí en maestra y hoy día imparto conocimiento académico y lecciones de resiliencia y perseverancia a mis estudiantes. Continué mi educación y obtuve mi maestría en Administración y Supervisión en Educación, en la Universidad Católica de Puerto Rico, en Ponce. **Escogí que mi maternidad temprana no fuese un impedimento, sino una oportunidad para demostrarme a mí misma mi valor y fortaleza. Al creer en mí, logré convertir mis sueños en realidad y abrazar una sonrisa con propósito aun más poderosa.**

Una sonrisa enamorada

S i bien ya compartí contigo la etapa rebelde de mi adolescencia, hay una parte que no te he contado: cuando me enamoré verdaderamente. No puedo ocultarte que siempre solía compararme con mis amigas. En mi mente, era la menos atractiva del grupo. No sé si alguna vez te ha pasado que, estando en un grupo, todos los chicos parecen interesarse en tus amigas y tú quedas como la «eterna soltera». Esa era yo.

Sin embargo, alrededor de mis veinte años, una noche, mientras estaba en la plaza de mi pueblo, todo cambió. Una patrulla se detuvo cerca de donde me encontraba. De ella bajó un amigo policía y comenzamos a charlar. Mientras conversábamos, noté a su compañero en el vehículo. Era alguien nuevo en el área y, debo admitirlo, capturó mi atención. Decidí acercarme y saludarlo. Sí, fui yo quien tomó la iniciativa porque estaba acostumbrada a ser la que mostrara interés primero, **dada mi creencia de que yo no era lo suficientemente atractiva como para que alguien se acercara a**

mí. Le pregunté su nombre y, sin dudarlo, le pedí su número de teléfono.

A partir de ese momento, comenzamos a hablar y, eventualmente, empezamos una relación. Vivimos juntos durante ocho años... pero, me fue infiel en más de seis ocasiones. Podrás preguntarte cómo pude soportar todas esas infidelidades, y la respuesta es simple: **mi inseguridad era tal que creía que jamás encontraría a alguien que quisiera estar conmigo, así que toleraba sus acciones por miedo a la soledad.** Ahora reconozco que fui yo quien había forzado esa relación desde el principio y no me di el valor que merecía, simplemente, porque no quería sentirme sola.

A menudo, en medio de mis lágrimas y desesperación, un amigo cercano me escuchaba y observaba. En una ocasión, me preguntó directamente por qué toleraba todo lo que esa persona me hacía. No tenía una respuesta clara. Una tarde, al llegar a casa con los ojos rojos de tanto llorar, este amigo me vio y me preguntó qué había sucedido. A través de sollozos, le conté que había confrontado a mi pareja una vez más y, en lugar de pedir disculpas o mostrar arrepentimiento, simplemente había recogido sus cosas y abandonado la casa, diciendo que ya no me amaba.

Mi amigo, con una mirada de comprensión y compasión, me dijo: «Sherly, mírate. Eres una mujer inteligente, hermosa, una madre ejemplar, simpática. Eres única, eres auténticamente tú. Él no te merece. Saldrás adelante y lograrás grandes cosas». Estas palabras, especialmente viniendo de un hombre, resonaron en mí de una manera que nunca había experimentado. **Fue en ese momento que comprendí**

que necesitaba cambiar la manera en la que me veía a mí misma.

Después de la separación, el desamor me sumió en una profunda tristeza. Me sentía devastada. Las primeras semanas, me hallaba encerrada en mi habitación, llorando, sin ganas de enfrentarme al mundo exterior. En esos momentos de vulnerabilidad, mi hija, con sus inocentes diez años, me hacía visitas conmovedoras a mi habitación y preguntaba con preocupación qué me ocurría. Le aseguraba que estaba mal, pero que se me pasaría, intentando disfrazar mi dolor. Sin embargo, a veces se tumbaba a mi lado, y su simple presencia apretaba mi corazón, empujándome a cuestionar mis acciones. *Sherly, ¿qué estás haciendo? Tienes una hija que te adora y te necesita. Eres su roca, su seguridad. Debes superar esto.*

Me preguntaba a mí misma qué me asustaba tanto de la soledad. Después de todo, tenía un hogar propio, trabajo estable, independencia… nada era diferente mientras estuve en la relación, siempre fui yo la que corría con todos los gastos y responsabilidades del hogar. ¿A qué le temía realmente? Una noche, mi hija me confesó algo que me tocó el alma: le gustaba que estuviéramos solas porque podía acostarse conmigo en mi cuarto y compartir más tiempo juntas. Esas palabras fueron un despertar. Me di cuenta de que había temido al rechazo y a la soledad, pero en realidad, nunca había estado más acompañada, rodeada del amor más puro y verdadero: el de mi hija.

La mañana siguiente, con una nueva determinación, me levanté, me enfrenté al espejo y me dije: *Basta de estar tirada en la cama llorando cada cinco minutos. La vida sigue.* Fue entonces cuando despertó mi interés un correo electrónico titulado: *Curso «online» de entrenamiento de atención plena de 8 semanas MBSR (Mindfulness Based Stress Reduction) orientado a mejorar la atención, reducir el malestar y el estrés y a manejarse mejor en situaciones complejas y en momentos difíciles.* Trataba de una nueva técnica de reflexión y atención plena llamada «mindfulness». Decidí inscribirme en un curso de seis meses y obtener la certificación. Esta técnica se convirtió en una herramienta poderosa para mí; me enseñó a reconocer mis debilidades y fortalezas, a ser consciente de en qué centraba mi atención y, lo más importante, a amar los pequeños detalles de la vida.

Inmersa en la práctica de atención plena, aprendí que uno de los aspectos más cruciales de este viaje interior es ser consciente de nuestros propios pensamientos y emociones. Es una forma de abrir los ojos a nuestra realidad interna, sin filtros ni juicios. Durante este proceso, se me aconsejó llevar un registro de mis reflexiones y sentimientos, para así cultivar un mayor conocimiento de mí misma. Por ello, decidí mantener un diario personal, un compañero silencioso en el cual plasmar sin censura todo lo que bullía en mi mente y corazón.

Este diario se convirtió en una especie de espejo de mi alma, reflejando las facetas más escondidas de mi ser. **Anotaba todo: desde las ráfagas de alegría hasta las sombras de tristeza, desde las dudas que me asaltaban hasta las pequeñas victorias que celebraba día a día.** Al releer mis propias palabras, me enfrentaba a la realidad de mi experiencia, permitiéndome procesar y aceptar cada parte de ella.

La sonrisa del perdón

Pero, quizás, la lección más liberadora fue aprender a perdonarme. A través de la atención plena, comprendí que el perdón propio es un acto de valentía y amor. No se trata solo de aceptar los errores, sino de entender que cada paso en falso es una oportunidad para crecer, para reajustar el rumbo y seguir adelante con mayor sabiduría. **El perdón se convirtió en un bálsamo, en una promesa de renovación y esperanza, y con cada página de mi diario, me sentía más ligera, más en paz con la mujer que veía en el espejo.**

Tras la ruptura que marcó un punto de inflexión en mi vida, decidí retomar la senda de mi crecimiento personal y profesional, una parte esencial de mi ser que había dejado de lado. Con mi maestría en Educación ya en el bolsillo, pero consciente de que mi pasión por el conocimiento y el aprendizaje nunca se apaga, me lancé de lleno a conocer el mundo de la Neurociencia Educativa, la Inteligencia Emocional y el Desarrollo Personal. Comencé tomando estos cursos en línea de la Universidad de La Salle, España, luego seguí autoeducándome en estos temas. Siempre he sido amante de la lectura y la educación. Soy fiel creyente que nuestra mejor inversión es el conocimiento.

La neurociencia me enseñó una verdad poderosa: aquello en lo que concentramos nuestra atención tiende a expandirse en nuestra vida. Entendí que mis pensamientos tienen la capacidad de moldear mi realidad. Comprenderlo fue transformador. Empecé a enfocarme deliberadamente en lo positivo, a buscar el lado bueno de cada situación y a llenarme de gratitud cada mañana al despertar.

Estos cursos fueron mucho más que simples lecciones académicas; fueron llaves que abrieron nuevas puertas hacia mi autoconocimiento y autorrealización. Aprendí técnicas para regular mis emociones, para entender mejor a los demás y para aplicar estos conocimientos en mi ámbito profesional. Pero lo más importante, aprendí a valorarme y a permitirme ser auténticamente yo, sin las restricciones que antes me imponía la relación que había terminado.

Con cada nuevo concepto que integraba, con cada libro que devoraba y cada seminario al que asistía, me sentía más empoderada. Esta inversión en mi educación no era solo académica; era una inversión en mi bienestar y en mi futuro. Con cada día que pasaba, me sentía más fortalecida, más en sintonía con mis valores y más comprometida con mi propósito de vida. Era como si cada nueva pieza de conocimiento encajara en un gran rompecabezas que, poco a poco, revelaba la imagen de quien realmente era y siempre había querido ser. En este proceso estuve aproximadamente año y medio, pero, honestamente, hasta la fecha sigo educándome y actualizándome para seguir enfrentando los nuevos desafíos que siempre trae la vida.

Llevando mi sonrisa a otros

Mi camino hacia la sanación y el autodescubrimiento no se limitó a la esfera personal y al ámbito del conocimiento. Encontré un gran soporte y una fuente de alegría en mis estudiantes, quienes poco a poco se convirtieron en una parte esencial de mi proceso de sanación. Me sumergí de lleno en múltiples actividades con ellos para mantener mi mente activa y lejos de la tristeza. Juntos íbamos al cine, visitábamos la playa y compartíamos la alegría del baile y el movimiento.

Aunque mi rol principal era ser su maestra en el salón de clases de sexto grado, también me transformé en su maestra de baile. Desde muy pequeña, el baile fue otra de mis pasiones. Bailaba hasta los anuncios de la televisión y siempre estuve involucrada en grupos de baile en mi pueblo. Sin embargo, en ese momento, lo consideraba principalmente como un pasatiempo. Fue cuando surgió la fiebre de Zumba® que decidí dar un paso más allá por mi amor al baile. Me certifiqué para ser instructora y, en mi tiempo libre, comencé a dar clases de Zumba® de manera gratuita en mi pueblo. Era una forma de compartir mi pasión por el baile y, al mismo tiempo, fomentar un estilo de vida activo y saludable en mi comunidad.

Ver a la gente disfrutar y mantenerse en forma a través de la danza era una experiencia gratificante, y me recordaba la importancia de seguir haciendo lo que amaba, incluso mientras llevaba a cabo mis responsabilidades como madre. Además, los viernes extendía mis clases a los estudiantes para que pudieran ejercitarse y divertirse al mismo tiempo.

Mis estudiantes y yo recorrimos la Isla participando en diferentes competencias de baile, lo que añadió una dimensión de aventura y camaradería a mi vida. Estos viajes y competencias no solo me proporcionaron distracción y entretenimiento, sino que también me permitieron pasar más tiempo de calidad con mi hija, quien formaba parte del grupo de baile *Angel From The Sky*. Esto fortaleció nuestra relación, ya que compartíamos un interés común y disfrutábamos de momentos inolvidables juntas. Mis estudiantes demostraban un gran talento y versatilidad. No solo se limitaban a Zumba®, sino que exploraban una variedad de estilos, desde la bachata y el merengue hasta el «hip-hop» y otros más. Era inspirador ver cómo se entregaban a la música y se expresaban a través del baile de una manera tan diversa. La pasión y la energía que transmitían durante las clases eran contagiosas, y cada sesión de baile se convertía en una experiencia llena de diversión y creatividad. Como instructora, me sentía orgullosa de ver el progreso y la alegría que el baile les proporcionaba a mis estudiantes, y seguía compartiendo mi amor por el baile con entusiasmo y dedicación.

Estas experiencias con mis estudiantes y mi hija me mostraron que la vida podía ser vibrante y llena de pasión fuera de las páginas de los libros y las aulas de clases. Cada risa compartida, cada aplauso en las competencias y cada nueva rutina de baile, eran recordatorios de que la vida sigue y puede ser hermosa, incluso después de los momentos más dolorosos. **Así, paso a paso, encontré consuelo y alegría en estos nuevos capítulos de mi vida, llenos de música, movimiento y conexión humana.**

La sonrisa transformada

Superar la ruptura de una relación es definitivamente una montaña rusa emocional, llena de altibajos. Mientras progresaba y me redescubría a mí misma, mi transformación se hacía evidente para todos. Quiero ser honesta desde el principio: mi pérdida de peso inicial se debió a la depresión que experimenté tras la separación. En ese momento, perdí 50 libras, pero decidí aprovechar ese cambio para mantenerme saludable. Empecé a hacer ejercicio en casa y a practicar Zumba®. Aunque la separación fue un período difícil, **encontré en el ejercicio y el baile una forma de manejar el estrés y las emociones complejas.** Cuando atravesamos una ruptura amorosa, a menudo nos enfocamos en cuidarnos a nosotras mismas y atender lo que habíamos dejado de lado, tal vez debido a la rutina o la vida diaria. A lo largo de la travesía para recuperarme a mí misma, aprendí a cuidar tanto de mi salud física como emocional, y esa determinación me ha ayudado a seguir adelante.

«Cuando una mujer se corta y se pinta el pelo, no hay nada más que hacer».

Decidí darle un giro a mi apariencia. Mi cabello era de color negro y llevaba un tiempo sin cortarlo ni darle forma. Fui directamente donde mi estilista y le dije las palabras mágicas: «Quiero un cambio de "look"». Ella se mostró muy emocionada y, con confianza, procedió a cortar mi cabello y teñirlo de un hermoso tono cobrizo. El resultado fue espectacular, y ese cambio en mi apariencia fue un reflejo de la transformación interna que estaba experimentando. Eran las manifestaciones exteriores de un cambio interior profundo y de un nuevo comienzo para mí.

Es cierto que somos un reflejo de nuestro interior, y esto puede explicar por qué algunas personas parecen descuidarse dentro una relación y luego transformarse después de una ruptura. Durante una relación, a veces nos perdemos al darle prioridad excesiva a la pareja y descuidar nuestra propia salud mental y emocional. La creencia errónea de que el amor significa darlo todo por la otra persona puede llevarnos a olvidarnos de cuidar de nosotras mismas. Sin embargo, la verdad es que, para ser una pareja saludable y plena, primero debemos aprender a amarnos y cuidar de nosotras. Cuando nos damos cuenta de esto, podemos cambiar nuestra perspectiva y recordar que **no solo es válido, sino necesario, dedicar tiempo y atención a nuestro propio bienestar.**

Las rupturas y situaciones difíciles a veces actúan como llamados de atención del Universo, recordándonos la importancia de amarnos y de cuidar nuestra propia salud emocional y mental. Es un proceso de aprendizaje y crecimiento personal que nos ayuda a ser personas más completas y a construir relaciones más saludables en el futuro.

Cuando comencé a amarme, a valorarme, a verme a través de un espejo de autoestima y respeto, algo increíble sucedió: de manera casi mágica, los hombres comenzaron a mostrarse interesados en mí, las oportunidades aparecían constantemente, las personas que se acercaban eran distintas, más positivas, y mi mundo se volvía cada vez más alegre.

Sin embargo, estas transformaciones positivas captaron la atención de mi expareja. Él reapareció en mi vida a través de las redes sociales, con llamadas inesperadas y mensajes, seguidos de intentos más intrusivos de contactarme, como aparecer sin previo aviso en mi trabajo o en mi hogar. Me decía que notaba algo diferente en mí, que le encantaba esta «nueva yo». Aunque el corazón no se desconecta de la noche a la mañana –y, ciertamente, me sentía tentada–, tomé medidas firmes para mantener mis límites, incluso cambiando mi número de teléfono para evitar sus intentos de comunicación.

La revelación de que él estaba con otra persona mientras intentaba volver conmigo fue un golpe duro, pero también me brindó una claridad definitiva. Me hizo darme cuenta de que no estaba dispuesta a aceptar menos de lo que merecía y que no quería volver a un ciclo de comportamiento ya demasiado familiar, en el que me pedía perdón de manera sincera y se mostraba arrepentido por sus acciones pasadas. Sus palabras estaban llenas de promesas de cambio, de un deseo genuino de tener una vida juntos y de construir una familia estable. Era difícil no sentirme conmovida por su arrepentimiento y sus promesas.

Había un aspecto que complicaba mucho las cosas. A pesar de todas esas palabras esperanzadoras, era evidente que seguía involucrado emocionalmente con otra persona y mantenía una relación activa con ella. Esta contradicción entre lo que decía y lo que hacía generaba una gran confusión y dolor. Fue un período de muchas emociones contradictorias. Quería creer en su deseo de cambiar y en su compromiso conmigo, pero las acciones hablaban más fuerte que las palabras. Las promesas, por sí solas, no eran suficientes. **Esta experiencia me enseñó que la coherencia entre lo que decimos y lo que hacemos es esencial en una relación.** Las palabras pueden ser poderosas, pero solo adquieren significado cuando se respaldan con acciones que reflejen esas palabras.

A pesar del dolor que atravesé en ese momento, esta situación me brindó una lección valiosa sobre la importancia de la honestidad y la autenticidad en una relación. **También aprendí a valorar la importancia de tomar decisiones basadas en hechos concretos y no solo en promesas vacías.**

Mi amor propio y mi autoestima eran tan fuertes que no podía, ni quería, regresar al pasado. Había aprendido a mirar hacia adelante y no había vuelta atrás. Decidí con firmeza no retroceder, sino seguir adelante con mi vida, haciendo de mi bienestar y el de mi hija mi máxima prioridad. Esa decisión de no volver atrás, sino de continuar con mi camino de sanación y felicidad, fue un verdadero acto de amor propio y fortaleza. Estoy eternamente agradecida con él porque fue un maestro en mi vida, y todo lo vivido fue necesario para mi crecimiento y transformación. **Estos momentos difíciles, aunque desafiantes, contribuyeron enormemente a mi resiliencia y me ayudaron a consolidar mi independencia y autoestima.**

Acciones en el viaje
de autodescubrimiento

Pero claro, te estarás preguntando: ¿Cómo lograste esta profunda transformación? Comparto contigo las acciones que seguí en este viaje de autodescubrimiento y crecimiento:

1. **Reconocimiento:** Comencé por identificar mis miedos, complejos, debilidades y aquellos pensamientos que me autosaboteaban. La reflexión y el «mindfulness» fueron herramientas esenciales en este proceso.

2. **Consciencia:** Me hice consciente de todo lo que me preocupaba y lo que no me gustaba de mí. Mantuve un diario al lado de mi cama donde anotaba cada vez que esos pensamientos invadían mi mente.

3. **Desapego:** Me deshice de las personas tóxicas y negativas que no aportaban a mi transformación. Dejé de consumir noticias y me alejé de quienes se alimentaban de chismes y críticas.

4. **Ejercicio:** Incorporé la actividad física en mi vida, entendí que un cuerpo activo alimenta una mente sana.

5. **Gratitud:** Todos los días, me tomé un momento para agradecer por las cosas simples y las experiencias vividas.

6. **Diálogo interno positivo:** Comencé a hablarme de manera positiva todos los días. Cada mañana, me paraba frente al espejo, me elogiaba y celebraba mis logros, por pequeños que fueran.

7. **Validación:** Entendí que no necesitaba la validación de nadie más que de mí misma.

8. **Perdón:** Aprendí el poder del perdón, comenzando por perdonarme a mí misma.

9. **Soltar el control:** Dejé de preocuparme por cosas que estaban fuera de mi control.

10. **Empatía:** Aprendí a ser empática, empezando conmigo misma.

11. **Expresión emocional:** Me permití sentir y expresar mis emociones sin restricciones.

12. **Autorrecompensa:** Empecé a obsequiarme cosas, no porque fuera una fecha especial, sino simplemente porque me lo merecía y porque soy importante.

Cada una de estas acciones fue esencial en mi proceso de transformación. No fue un camino fácil, pero cada desafío y cada logro me acercaron más a la mujer que soy hoy: segura, amada y valiosa.

Claro, como en todo proceso de crecimiento y transformación, hubo momentos en los que me sentía desanimada. Pero siempre me aferraba a mis pasos, a mis rutinas de autoamor, para no caer en la oscuridad de la depresión.

Una tarde, una amiga de la religión Yoruba a la que perte-
nezco hace ya 17 años me contactó. «Sherly Temple…»,
me dijo, como solía llamarme cariñosamente: «…baja para
casa, hoy viene un babalao[2] a consultarme. Deberías aprovechar y consultarte también». Aunque en un principio no
me llamó mucho la atención, acepté su invitación, más por
curiosidad que por otra cosa. Luego de la consulta, el babalao me indicó que debía regresar en un mes para continuar
con ciertos rituales.

Un mes después, nos volvimos a encontrar. Luego de la ceremonia, salimos a comer y a disfrutar de unos tragos con
mi amiga. Sin embargo, al ser él de la zona metropolitana, a
unas dos horas de distancia de donde yo vivía, se despidió
y cada uno tomó su rumbo. Pensé que ahí quedaría todo.
Honestamente, esta vez no sería yo la que tomaría la iniciativa, pensé *si está interesado, él hará el acercamiento.*
Pero, para mi sorpresa, un par de semanas después, mi amiga me comentó que el babalao había llamado varias veces
preguntando por mi número de teléfono. Al principio, no le
presté mucha atención a sus llamadas. Sin embargo, después de insistir varias veces, decidí contestar. Me dijo que
había sentido una conexión especial conmigo y quería co-
nocerme mejor.

Conocer a este hombre fue un capítulo nuevo y refres-
cante en mi vida. Cuando él apareció, yo llevaba un año
y medio disfrutando de mi propia compañía, aprendiendo a estar sola. La diferencia de edad de trece años entre

---

[2] En la santería afrocaribeña, sacerdote que vela por todo lo relacionado con el
culto y los ritos. Tesoro lexicográfico del español puertorriqueño.

nosotros resultó ser un aspecto que me encantaba. Era diferente en todos los sentidos: maduro, seguro de sí mismo, y lo que más valoraba, me permitía ser auténticamente yo. No se avergonzaba de mis excentricidades, algo que valoro profundamente.

Soy una persona muy extrovertida y siempre me ha gustado desafiar lo convencional. Con él, no tenía que limitar esa parte de mí. Se sentía liberador estar con alguien que no solo aceptaba, sino que también celebraba mi individualidad. Su madurez y su confianza en sí mismo son cualidades que admiro y respeto. Era una relación que me permitía florecer en mi espacio, sin miedo ni restricciones, y eso era algo completamente nuevo y emocionante para mí.

Cuando pensaba que había cerrado un capítulo de mi vida, justo cuando empezaba a escribir una nueva historia, él apareció de nuevo. Sí, aquel hombre del que creía haberme liberado. Llegó a mi casa un día, sin previo aviso, después de mucho tiempo sin contacto y, no voy a mentir, su presencia me tomó por sorpresa. Pensé que había quedado atrás, que era historia pasada. Vino con la excusa de querer ver a mi hija; quiero aclarar, no es su hija biológica. Durante su visita, aprovechó para decirme que estaba arrepentido, que quería retroceder en el tiempo, que extrañaba lo que teníamos... la típica historia que ya todas conocemos. Pero ahí estaba yo, frente a él, con la oportunidad de decirle que lo nuestro había quedado en el pasado, que había conocido a alguien muy especial. Pude decirle, con sinceridad y sin amargura, que había sanado, que no le guardaba rencor y que deseaba que él pudiera ser feliz con la persona que tenía en su vida. Pero le pedí, por favor, que la amara y respetara como mujer, que no la hiciera pasar por lo que yo pasé.

Fue un momento liberador, el Universo me había dado la oportunidad de expresarle que estaba sana y que había dejado atrás el rencor. Fue el cierre que necesitaba para seguir adelante con mi vida y mi nueva relación, donde podía ser yo misma sin miedo y con autenticidad.

Después de ese episodio de liberación emocional, mi vida continuó su curso junto a mi nuevo compañero, disfrutando de cada día y cada nueva experiencia. Fue una situación realmente complicada con mi expareja. A pesar de que él sabía que estaba conociendo a alguien más, no parecía querer rendirse y seguía apareciendo en mi vida de manera intermitente. Venía a visitar mi hogar, me enviaba mensajes por WhatsApp con canciones que solían tener significado para nosotros y hasta se presentaba en mi área de trabajo. A pesar de haber sido clara con él y haberle dicho que debía seguir adelante con su vida, no parecía aceptar esa realidad.

Esta situación se prolongó durante dos años, con intervalos de aproximadamente un mes entre sus apariciones. Siempre me desconcertaba su insistencia en mantener algún tipo de conexión, a pesar de mis repetidas afirmaciones de que ya estaba involucrada con otra persona. Parecía que no podía dejar ir lo que habíamos compartido en el pasado. Sin embargo, llegó un punto en el que todo cambió. Tres años más tarde de haber comenzado la nueva relación, quedé embarazada. Esta noticia que llegó a sus oídos tal vez fue el catalizador que finalmente lo hizo tomar distancia y seguir adelante.

Ahora la vida me sorprendía con un suceso inesperado y maravilloso: en mi vientre crecía un nuevo ser, el segundo gran amor de mi vida. *Wow,* me sentía primeriza luego de catorce años de haber tenido a mi primera hija. Era algo que había deseado por mucho tiempo, pero como siempre digo, las cosas ocurren en el momento perfecto, ni antes ni después.

La llegada de mi hijo varón trajo una alegría indescriptible a nuestro hogar, llenándolo de risas y nueva felicidad. Pasó el tiempo y, al cabo de siete años, decidimos sellar nuestro amor de la manera más formal y hermosa: nos casamos. Debo confesar que he vivido los mejores momentos de mi vida, rodeada de amor, comprensión y la certeza de que estoy donde debo estar.

Así comenzó una historia de amor que ya lleva 13 años. Gracias a mi trabajo interno y a mi proceso de autodescubrimiento, atraje a mi vida a una persona que me valora, me ama y me respeta. Aunque, como todas las parejas, tenemos nuestras diferencias, siempre las manejamos con diálogo y respeto.

Esa experiencia me enseñó una lección invaluable. **Comprendí que una pareja es una compañía y una elección, no una necesidad para mi felicidad.** Aprendí que puedo ser plenamente feliz por mí misma y que no dependo de otra persona para encontrar la alegría y la satisfacción en mi vida.

Si alguna vez enfrento otra ruptura en el futuro, estoy segura de que será parte de mi proceso de crecimiento. Entiendo que el dolor que puede surgir en esos momentos es transitorio y que, a pesar de ser difícil, es una oportunidad para aprender más sobre mí misma, fortalecerme y seguir adelante hacia una vida llena de amor propio y bienestar.

Cuando nos amamos y nos valoramos a nosotras mismas, atraemos a personas que hacen lo mismo. Y es en ese espacio de amor propio y autoaceptación donde se gestan las relaciones más profundas y significativas.

Sonríele al proceso

Quiero compartir contigo un secreto, y quizás te sientas identificada: durante toda mi vida he estado a dieta. ¿Eres de aquellas personas que prueban infinidad de pastillas, batidos y toda clase de productos para manejar su peso? Yo era así, siempre en búsqueda de la solución mágica. Me miraba al espejo y me criticaba sin piedad, enfocándome en cada imperfección, en cada «chicho» que quería eliminar. Esa era mi normalidad. Pero he descubierto algo crucial: esa obsesión con el peso solo nos hace ganar más «kilos emocionales». Sí, nuestras emociones pueden hacer que subamos de peso. Me pasaba horas haciendo ejercicio, probé cada dieta, cada píldora y batido que encontraba, y ¿sabes qué? Aprendí que no es necesario torturarse así.

No estoy diciendo que no debamos cuidarnos o comer saludablemente, pero lo que realmente importa es hacer lo que nos haga sentir bien. Si solo puedes hacer diez minutos de ejercicio, está perfecto. No te autoboicotees. Come lo que te gusta, pero con moderación. Cuídate, pero sin caer en la autoflagelación. Ama el proceso.

He dejado de sabotearme frente al espejo y de criticarme. Hago ejercicio siguiendo mi propio ritmo y disfruto de las comidas que me gustan. Ese ha sido el verdadero cambio hacia una vida más saludable y feliz.

Recuerdan a la madre que les mencioné anteriormente. En numerosas ocasiones, esta mujer que les conté al principio continuaba su cruzada en las redes sociales, enfocándose en detalles de mi cuerpo con un desdén que solo reflejaba su propia inseguridad. Se burlaba de la manera en que mis piernas sostenían mi cuerpo, sin percatarse de que cada paso que daba estaba lleno de determinación y amor propio. No sabía que mi cuerpo era un templo que yo veneraba, que lo aceptaba con gratitud, y que mi confianza estaba arraigada en una profunda apreciación por todo lo que era. A través de sus palabras hirientes, yo seguía encontrando fuerza en la aceptación de mi ser, en una lección que solo la autenticidad y el amor propio pueden enseñar.

Aceptar los elogios

Las sonrisas tienen el poder de conectar a las personas. Sin embargo, la capacidad de aceptar elogios puede ser un desafío. ¿Alguna vez te has sentido incómoda al recibir un cumplido? Muchas de nosotras hemos experimentado esa sensación de inquietud como si no mereciéramos la atención positiva de los demás.

A lo largo de mi vida, he tenido que lidiar constantemente con una pregunta que se ha convertido en un eco en mi mente: «¿Qué tienes en el labio?». Cada vez que respondía que era una deformidad de nacimiento llamada labio leporino, seguía la inevitable segunda pregunta: «¿Por qué no te operas?». En mi adolescencia, estas interrogaciones me persiguieron persistentemente y, en muchas ocasiones, me encontré considerando la posibilidad de someterme a una cirugía para «corregir» mi labio. **Hoy día, puedo decir con seguridad que amo mi marca, mi singularidad.** No me operaría para borrarla porque se ha convertido en una parte integral de quién soy.

Durante muchos años, rara vez recibía elogios, en su lugar, eran las incómodas preguntas las que predominaban en las conversaciones. En el proceso de mi transformación personal, empecé a recibir más halagos, los cuales al principio me resultaban difícil de aceptar. En cierto modo, creía que no merecía esos cumplidos, que había algo defectuoso inherente en mí que los demás no veían. Mis inseguridades se aferraban a mí como si fueran una capa protectora, y rechazar los elogios era mi manera de mantener esa barrera.

Sin embargo, a medida que avanzaba en mi viaje hacia la autoaceptación, comencé a entender que ser humano significaba ser imperfecto. **Aceptar mis propias imperfecciones se convirtió en un acto de amor propio.** Aprendí a valorar aquello que me distingue y a reconocer que mi labio leporino no define mi belleza ni mi valía como persona. **Cada marca, cicatriz o característica distintiva que llevamos es una parte importante de quiénes somos y de nuestra historia.** Aceptar y amar nuestras particularidades es un paso fundamental hacia la autoaceptación y la confianza en una misma. Hoy, me enorgullece decir que abrazo mi labio leporino como un recordatorio constante de mi fortaleza y resiliencia.

Fue un proceso largo y desafiante, pero, a medida que avanzaba, algo asombroso comenzó a suceder. La gente a mi alrededor comenzó a notar un cambio en mí. Empecé a recibir halagos más frecuentemente; eso me desconcertó al principio. La voz interna que me decía que no merecía esos elogios seguía susurrando, pero, esta vez, yo respondía de manera diferente. En lugar de rechazar los cumplidos o minimizarlos, aprendí a agradecer sinceramente.

Fue un proceso gradual. Según dejé entrar esos elogios y permití que se convirtieran en parte de mi vida, pude notar una creencia limitante arraigada en mí. Esta creencia se basaba en la idea de que no era digna de reconocimiento o aprecio. Al identificar esta creencia, me di cuenta de que tenía el poder para cambiarla.

Comencé a trabajar en superar esa creencia, recordándome a mí misma que todos somos merecedores de amor, respeto y reconocimiento. Según lo hacía, los halagos se volvieron más fáciles de aceptar y, en lugar de sentirme incómoda, me sentía agradecida y feliz de que los demás notaran cosas positivas en mí.

Esta experiencia me enseñó cómo la autoaceptación puede cambiar la forma en que interactuamos con el mundo. Aceptar nuestras imperfecciones y amarnos a nosotras mismas es un proceso continuo y liberador. Aceptar los elogios se convirtió en un reflejo natural de mi amor propio en crecimiento, y ahora me permite conectar de una manera más genuina con las personas que me rodean.

Sonreír con propósito

En el turbulento año 2020, en medio de una pandemia que paralizó al mundo entero, experimenté uno de los momentos más desafiantes de mi vida. Fue en noviembre de ese año cuando mi esposo, mi ahijado y yo emprendimos un viaje a Cuba, sin imaginar que este viaje se convertiría en un episodio inolvidable. Al llegar al país, nuestras expectativas se vieron derrumbadas por la noticia de que nuestras pruebas de COVID-19 en el aeropuerto habían dado positivo. Inmediatamente, nos encontramos en una cuarentena forzosa, atrapados en un hospital cubano durante 14 largos días. La incertidumbre y la ansiedad se apoderaron de nosotros, pero lo que más resalto de esta experiencia fue lo que sucedió durante esos días de aislamiento.

Mientras estábamos atrapados en ese hospital, mi mente y mi corazón estaban divididos en dos lugares diferentes. Por un lado, estaba Cuba, donde las autoridades nos mantenían bajo estricto control sanitario y, por otro lado, estaba mi hogar, donde una noticia devastadora estaba a punto de cambiar mi vida para siempre. Al comunicarme con mis familiares, descubrí que mi madre estaba librando una batalla feroz contra el COVID-19 en un hospital local, luchando entre la vida y la muerte. Mi mundo se desmoronó al enterarme de esta noticia, y me sentí impotente al estar a miles de kilómetros de distancia, incapaz de estar a su lado y apoyarla en este momento crucial.

La situación se volvió aún más desgarradora cuando supe que mi familia en casa también estaba infectada. Me sentí atrapada en una pesadilla, sin poder hacer nada para ayudar. Sin embargo, en medio de esta oscuridad, la fe se convirtió en mi mejor aliada. Mantuve la esperanza, sabiendo que debía permanecer fuerte por mi familia, aunque no pudiera estar físicamente presente. Fue un período de profunda introspección, donde descubrí cuán resilientes podemos ser cuando la vida nos desafía de esta manera.

Lo irónico de esta historia es que, en medio de nuestra lucha personal, algunos individuos parecían deleitarse con nuestra desgracia. La empatía parecía una cualidad rara. Sin embargo, también hubo quienes mostraron genuina preocupación y apoyo, y por eso estoy agradecida.

Esta experiencia me permitió discernir quiénes eran las personas en mi vida que realmente importaban y quiénes debían ser retirados de mi círculo. Fue mi hermana quien asumió la responsabilidad de liderar la situación en mi ausencia, mostrando valentía y determinación en un momento crucial.

A pesar de los rumores y las críticas que se tejieron a nuestro alrededor, como la hija mayor, me convertí en un pilar de apoyo emocional para mi familia, brindando aliento y orientación a través de llamadas telefónicas en medio de la distancia física. Esta experiencia me reafirmó en la importancia de vivir con propósito y agradecer cada día por las oportunidades que la vida nos presenta.

En aquellos momentos de crisis, comprendí que podemos ser nuestra mejor fuente de fortaleza. **La adversidad nos desafía a encontrar la determinación y la valentía que residen en nuestro interior para superar obstáculos aparentemente insuperables.** Aprendí que la vida puede ser impredecible y retarnos, pero también nos brinda la oportunidad de demostrar nuestra resiliencia y capacidad para superar cualquier adversidad cuando mantenemos nuestros propósitos y valores en el centro de nuestras vidas.

El poder del presente es algo que muchos subestiman. Siempre estamos atrapados entre la nostalgia del pasado y la ansiedad del futuro, olvidando que la única realidad verdadera es el «aquí y ahora». Esta comprensión cambió mi perspectiva de vida. Al dejar de estar obsesionada con resultados y metas futuras, comencé a disfrutar del viaje, del proceso en sí. Esta mentalidad me liberó de preocupaciones innecesarias sobre eventos que aún no habían ocurrido o que estaban fuera de mi control.

Como educadora y especialista en neurociencia educativa, comprendí el poder de la atención selectiva. Nuestro cerebro tiene una increíble capacidad para filtrar y enfocarse en lo que considera relevante. Es por eso que, cuando algo se convierte en una prioridad para nosotros, de repente parece estar en todas partes. Es como cuando decides comprar un automóvil de un modelo específico y, de repente, empiezas a verlo por todas partes. No es que haya más autos de ese modelo en la carretera, es que tu cerebro ahora lo reconoce como algo relevante y lo destaca en tu percepción.

Aproveché este conocimiento en mi proceso de transformación. Decidí alimentar mi mente con cosas positivas: dejé de ver noticias negativas, me sumergí en libros de desarrollo personal y me rodeé de personas que me inspiraban. Y, como resultado, **mi cerebro comenzó a destacar las oportunidades y las experiencias que estaban en línea con mi nuevo enfoque. Las cosas negativas y tóxicas se desvanecieron en el fondo.**

Es importante saber que el cerebro necesita tiempo para adaptarse y formar nuevos hábitos. Se dice que se requieren al menos 21 días para establecer una nueva rutina o hábito. Así que, si estás en un proceso de transformación, ten paciencia y sé constante. La recompensa de un cambio positivo y duradero en tu vida bien vale la espera y el esfuerzo.

He compartido contigo una parte de mi historia, mis aprendizajes y experiencias personales. Mi objetivo ha sido brindarte una mirada íntima y honesta para que puedas identificarte. Ahora que conoces más sobre mí y mi camino de crecimiento y transformación, quiero ofrecerte algo más. Mi compromiso contigo, mujer, que tal vez te identificas con mi historia, es proporcionarte herramientas prácticas y ejercicios que te ayuden en tu propio viaje de transformación personal. Quiero ser un vehículo, un apoyo en tu camino hacia una mayor autoestima y amor propio.

PARTE 2

DINÁMICAS
PARA AMAR TU SONRISA

Te invito a un viaje transformador hacia la apropiación y el amor de tu propia sonrisa. Puse a prueba estas dinámicas a través de mi experiencia personal, de un camino repleto de pruebas y descubrimientos que me llevaron a reconectar con mi alegría interior y a fortalecer mi amor propio. Lo que encontrarás aquí no son meras actividades, sino destellos de luz que iluminaron mi andar y que podrían hacer brillar el tuyo.

Cada ejercicio que comparto contigo ha sido un peldaño en mi escalera hacia la felicidad; algunos serán desafiantes, otros te parecerán más sencillos, pero todos están diseñados para invitarte a reflexionar, experimentar y crecer. Tal vez descubras que un solo ejercicio resuena profundamente contigo, o quizás, como me sucedió a mí, te beneficiarás de la riqueza que ofrece la variedad.

Te animo a que, antes de comenzar, elijas una libreta especial que te acompañará en tu aventura. Titúlala *Mi sonrisa interior*. En ella, podrás plasmar tus pensamientos, emociones y progresos a medida que exploras cada dinámica. Este diario se convertirá en tu confidente y el testigo tangible de tu evolución personal.

Así que, con corazón abierto y libreta en mano, te invito a sumergirte en estas páginas. Juntas, vamos a redescubrir el poder de nuestras sonrisas y a sembrar propósitos duraderos en nuestros corazones.

1.
Mira afuera

A medida que avancemos en este viaje para conectarte con tu amor propio, exploraremos cómo nuestras relaciones y conexiones pueden influir en nuestra percepción de nosotras mismas. En el torbellino de la vida cotidiana, a veces olvidamos detenernos y examinar las relaciones que nutren nuestras almas y dan forma a nuestra realidad.

1. ¿Cómo podemos cultivar relaciones más saludables y significativas?

Para comenzar, tómate un momento y reflexiona sobre las personas que te rodean y aquellas que son verdaderamente importantes para ti. Estas reflexiones sentarán las bases para el viaje transformador que estamos emprendiendo juntas. En tu diario contesta las siguientes preguntas:

Primero:

a. ¿Con quién pasas la mayoría del tiempo?

b. ¿Quiénes son las personas que comparten tus momentos, tus risas y tus desafíos?

Las respuestas a estas preguntas revelan la influencia constante que ejercen las relaciones en tu vida diaria.

Segundo:

a. ¿Quiénes son las personas más importantes para ti?

b. ¿Quiénes ocupan un lugar destacado en tu corazón y en tus pensamientos?

En ocasiones, damos por sentado a aquellos que son verdaderamente significativos para nosotras, y es vital recordar su importancia.

En estas simples preguntas reside un poderoso recordatorio: nuestras relaciones y conexiones con los demás son un componente fundamental de nuestra existencia. Los seres humanos somos criaturas sociales por naturaleza, y **las personas que elegimos tener cerca pueden tener un impacto profundo en nuestra autoimagen, nuestra autoestima y nuestro sentido de propósito.**

2.
Ahora mira adentro

Mientras continuamos explorando estos temas vitales, quiero invitarte a mirar hacia tu interior, hacia esa compañera constante que siempre está contigo. A menudo, pasamos por alto la relación más importante de todas: la que tenemos con nosotras mismas. Las 24 horas del día, los siete días de la semana, siempre estás acompañada de ti. Entonces, pregúntate:

- ¿Te incluiste en las respuestas anteriores?

- Si tu contestación es sí, ¿en qué posición te ubicaste?

Recuerda que eres la persona con la que pasas la mayor cantidad de tiempo en esta vida. Sin embargo, es probable que a veces olvides ser amable y compasiva contigo. A veces te puedes sentir culpable por ponerte como prioridad. Realmente, si no lo haces, no podrás darte el autocuidado que requieres y sentirte bien, lo cual es esencial para poder estar presente con tu mejor energía para darle tu atención a las demás personas importantes en tu vida.

Así que, mientras continuamos en este viaje hacia el amor propio y el desarrollo personal, **recuerda siempre incluirte en las respuestas a las preguntas importantes sobre tus relaciones y conexiones.**

3.
Tu diálogo interno

Te propongo un ejercicio de reflexión profunda. Durante los próximos días, presta atención a las palabras y pensamientos que te diriges a ti misma en tu diálogo interno y escríbelas en tu diario. ¿Qué te dices cada día?, ¿cuáles son las palabras que utilizas para hablarte en **momentos de logro** y en **momentos de desafío**? Crea dos columnas (una para los momentos de logros y otra para los desafíos) y escribe todo lo que te dices.

Aquí viene la parte reveladora de esta reflexión. Imagina que tu mejor amigo o amiga te dijera esas palabras que te dices a ti misma. ¿Todavía mantendrías la amistad?, ¿te gustaría pasar tiempo con alguien que te hablara con dureza, te criticara constantemente o te menospreciara?

1. ¿Cómo te vas a hablar a partir de ahora?

Mira ambas columnas e identifica las palabras hirientes que te dices y cámbialas a su opuesto. Transforma cada una de ellas en palabras positivas sobre ti misma.

- Ejemplo: Soy fea/ Soy hermosa
- No puedo/ ¡Claro que puedo!
- No soy suficiente/ Soy suficiente

La verdad es que para amar a otros y ser valoradas por los demás, primero debemos aprender a amarnos y valorarnos a nosotras mismas. **La forma en que nos tratamos refleja cómo permitimos que los demás nos traten.** Si queremos construir relaciones saludables y significativas con los demás, debemos comenzar por cultivar una relación positiva y compasiva con nuestro ser.

4.
Tu reflejo en los espejos humanos

Reflexiona sobre la relación que tienes contigo y que las personas a menudo son espejos: la forma en que te tratas a ti se refleja en cómo permites que otros te traten. Presta atención a cómo te relacionas con los demás y cómo te tratan, ya que esto puede revelar mucho sobre tu relación contigo misma.

1. ¿De qué manera las actitudes y comportamientos que tienes hacia ti se reflejan en las formas en que permites que los demás te traten? Por ejemplo, si tiendes a menospreciarte, ¿has notado que otros también tienden a subestimar tus capacidades o logros?

2. ¿Puedes identificar alguna situación reciente donde la forma en que otros te han tratado te haya hecho reflexionar sobre cómo te valoras o te respetas a ti misma? Un ejemplo podría ser si alguien te hizo un comentario despectivo y te diste cuenta de que interiormente te hablas

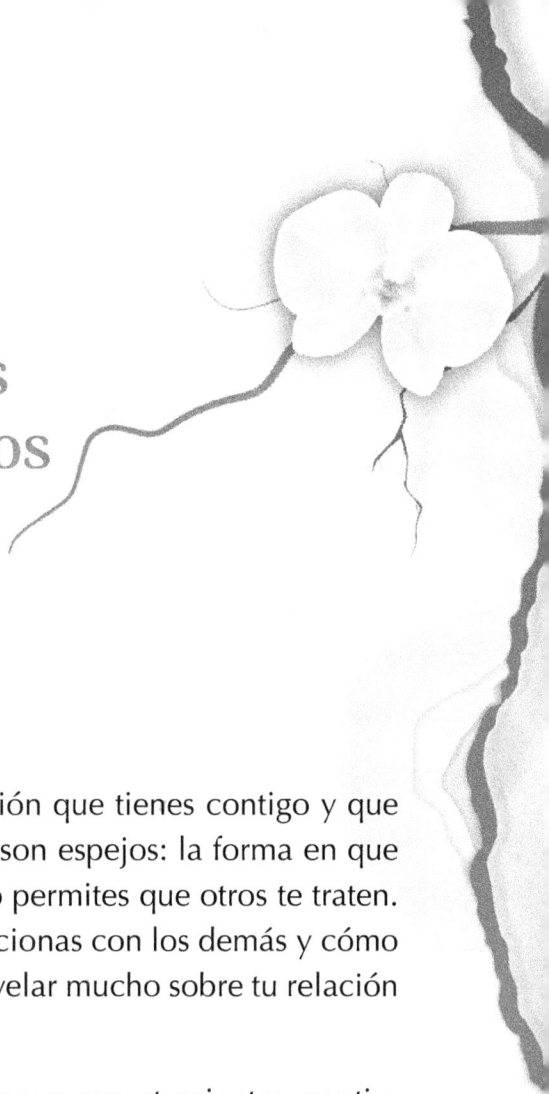

de manera similar, lo cual podría indicar la necesidad de trabajar en tu diálogo interno.

3. ¿Qué cambios crees que podrías implementar en tu auto-trato para influir positivamente en cómo los demás te per-ciben y te tratan? Por ejemplo, si comienzas a tratarte con más respeto y amor propio, podrías empezar a exigir lo mismo de los demás, cambiando así la dinámica de tus relaciones.

Aprender a tratarte con amor y respeto es el primer paso hacia una vida más plena y relaciones más enriquecedoras.

5.
Superando la autocrítica

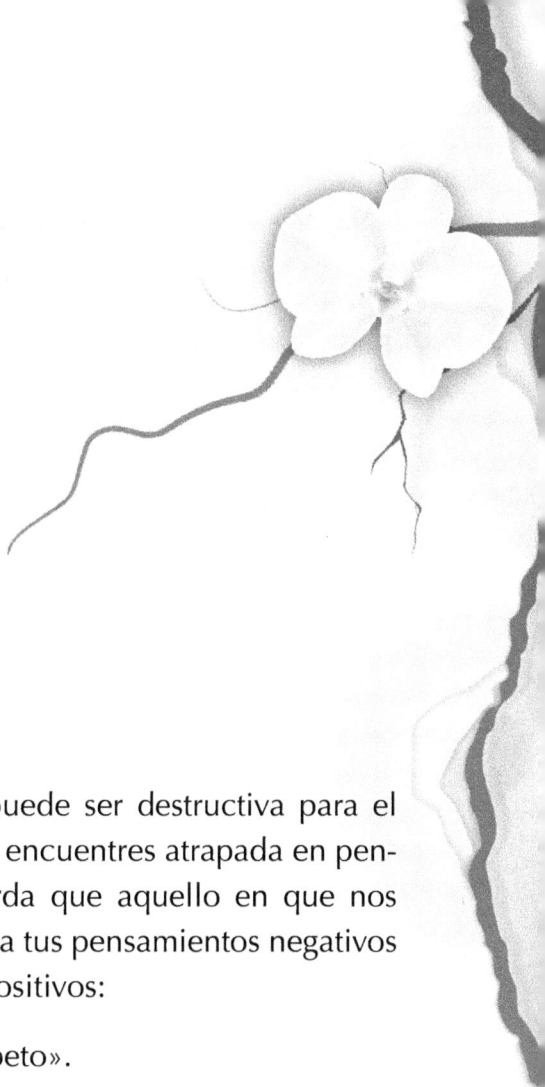

La autocrítica excesiva puede ser destructiva para el amor propio. Cuando te encuentres atrapada en pensamientos autocríticos, recuerda que aquello en que nos enfocamos se expande. Cambia tus pensamientos negativos por estos diez pensamientos positivos:

1. «Soy digna de amor y respeto».

2. «Mis imperfecciones me hacen única».

3. «Cada día, estoy creciendo y mejorando».

4. «Mis logros son un testimonio de lo que soy capaz».

5. «Tengo la capacidad de enfrentar desafíos».

6. «Mi valía no depende de la aprobación de otros».

7. «Estoy en control de mis pensamientos y emociones».

8. «Merezco felicidad y bienestar en mi vida».

9. «Mis errores son oportunidades de aprendizaje».

10. «Me amo y me acepto tal como soy».

Estos pensamientos positivos pueden contrarrestar la auto-crítica y fortalecer tu amor propio.

6.
Cuando las creencias antiguas nos desaniman

En el viaje hacia el desarrollo personal y el amor propio, hay momentos en los que nos encontramos desanimadas o enfrentamos dudas sobre nuestra valía y capacidad. Las creencias antiguas desalentadoras generan un sentimiento de desánimo que está cimentado en experiencias pasadas o en tradiciones. Sobre todo, en momentos en que nos sintamos así, es importante recordar que es completamente normal que las creencias antiguas, arraigadas en nuestra mente, influyan en nuestra confianza y motivación. Sin embargo, también es esencial aprender a lidiar con estas creencias y superar los momentos de desánimo. A continuación, exploraremos cómo hacerlo:

Ejemplos de creencias antiguas desalentadoras:

1. **«Nunca soy lo suficientemente buena»:** Esta creencia puede surgir cuando enfrentamos una nueva oportunidad o desafío y comenzamos a cuestionar nuestras capacidades.

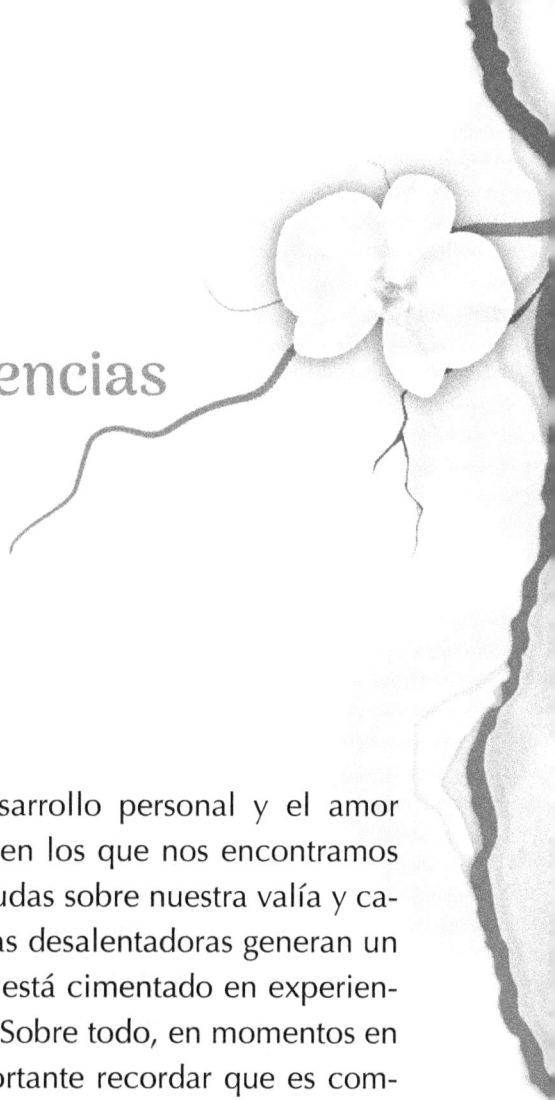

2. **«No merezco el éxito»:** A veces, cuando las cosas van bien, podemos sentir que no merecemos la felicidad o el éxito, lo que nos lleva a sabotearnos.

3. **«Siempre fallo en esto»:** Esta creencia puede arraigarse después de experiencias pasadas de fracaso, lo que nos hace temer intentar algo nuevo.

Supera el desánimo

Ejercicios prácticos para alentarte:

1. **Identifica las creencias desalentadoras:** Cuando te sientas desanimada, toma un momento para identificar la creencia subyacente que te está afectando. Escribe la creencia negativa en un papel.

2. **Cuestiona la creencia:** Desafía esa creencia negativa preguntándote si es realmente cierta. ¿Puedes encontrar evidencia en contra de esa creencia? A menudo, las creencias negativas no se sostienen bajo un escrutinio cuidadoso.

3. **Reescribe la creencia:** Escribe una versión más positiva y realista de la creencia negativa. Por ejemplo, si crees que «nunca soy lo suficientemente buena», reescríbela como «Estoy aprendiendo y mejorando constantemente».

4. **Háblate con amabilidad:** Trátate con la misma compasión que tratarías a un amigo que está pasando por un momento difícil. Anímate y recuerda tus logros y fortalezas.

5. **Visualiza el éxito:** Cierra los ojos e imagina tu éxito en la situación que te preocupa. Visualiza cada paso con confianza y determinación.

6. **Realiza una acción pequeña, pero significativa:** En lugar de sentirte abrumada por un gran objetivo, toma una acción pequeña y concreta que te acerque a él. El progreso gradual puede impulsar tu confianza.

7. **Busca apoyo:** Habla sobre lo que estás experimentando con un amigo o amiga de confianza, un terapeuta o un mentor. A veces, compartir tus sentimientos y recibir apoyo puede hacer una gran diferencia.

Recuerda que los momentos de desánimo son parte de la vida y enfrentar creencias limitantes es un proceso continuo. No estás sola en este viaje y, con la práctica y la autocompasión, puedes superar esos obstáculos y seguir avanzando hacia tus metas de desarrollo personal y amor propio.

7.
Identifica
tus creencias
limitantes

Las creencias limitantes son pensamientos negativos o autocríticos que internalizas y que pueden sabotear tus esfuerzos por amarte a ti misma y alcanzar tus metas. Aquí tienes cinco ejemplos comunes de creencias limitantes:

1. **«No puedo cambiar»:** Creer que no puedes cambiar o mejorar como persona puede mantenerte estancada en patrones de comportamiento poco saludables.

2. **«No merezco ser feliz»:** Pensar que no mereces la felicidad te llevará a autolimitarte y conformarte con menos de lo que realmente mereces.

3. **«Siempre fracaso en todo lo que intento»:** Repetidos fracasos o errores significativos en el pasado pueden llevarte a generalizar estos eventos y hacerte creer que siempre fallarás.

4. **«El éxito es para otros, no para mí»:** Esta creencia limitante te impide esforzarte por alcanzar el éxito, ya que crees que no está al alcance de tus capacidades.

5. **«La opinión de los demás es más importante que la mía»:** Colocar la opinión de los demás por encima de la tuya puede llevar a la autoanulación y la pérdida de tu autenticidad.

Supera las creencias limitantes

Ejercicio para trabajar con tus creencias limitantes:

Superar las creencias limitantes es esencial para nutrir tu autoestima y amor propio. Uno de los ejercicios más efectivos para trabajar en tus creencias limitantes es:

La declaración de refutación

1. Identifica una de tus creencias limitantes. Por ejemplo: «No soy lo suficientemente buena».

2. Escríbela en un papel.

3. Luego, escribe una declaración de refutación que desafíe la creencia limitante. Por ejemplo: «Soy capaz y valiosa».

4. Coloca la declaración de refutación en un lugar visible donde puedas verla a diario, como en tu espejo o tu escritorio.

5. Cada vez que te encuentres atrapada en la creencia limitante, recuerda tu declaración de refutación y repítela en voz alta.

Este ejercicio te ayudará a desafiar y reemplazar las creencias limitantes con pensamientos más positivos y realistas. A medida que practiques este ejercicio y trabajes en tus creencias limitantes, fortalecerás tu autoestima y amor propio, allanando el camino hacia una vida más plena y satisfactoria.

8.
Lista de elogios

Te presento una lista de elogios que puedes hacerte a ti misma todos los días como una forma de fomentar el amor propio y el positivismo:

1. Soy valiosa tal como soy.

2. Mi sonrisa ilumina mi día y el de los demás.

3. Soy capaz de superar cualquier desafío que se me presente.

4. Me amo y me acepto incondicionalmente.

5. Mi presencia en este mundo tiene un propósito.

6. Estoy en constante crecimiento y desarrollo.

7. Mis esfuerzos y determinación me llevan a alcanzar mis metas.

8. Merezco amor, respeto y felicidad.

9. Soy una persona única con cualidades especiales.

10. Mi voz y mis opiniones son valiosas.

11. Sé perdonar y soltar lo que ya no me sirve.

12. Tengo la capacidad de aprender de mis errores.

13. Mi cuerpo es un reflejo de mi fortaleza y salud.

14. Muestro compasión y amabilidad hacia los demás.

15. Soy una amiga leal y apoyo a quienes me rodean.

16. Cada día es una nueva oportunidad para crecer y aprender.

17. Tengo un corazón lleno de amor y generosidad.

18. Mis logros y esfuerzos son dignos de celebración.

19. Mi mente es poderosa y creativa.

20. Soy digna de amor propio y autocuidado.

Recuerda que el amor propio es una práctica diaria, y elogiarte a ti misma regularmente puede fortalecer tu autoestima y autoconfianza.

9.
Carta del perdón
a ti misma

Te invito a realizar un ejercicio poderoso y liberador: la *Carta del perdón a ti misma*. Esta carta es una oportunidad para sanar heridas pasadas, liberar cargas innecesarias y permitirte avanzar con mayor ligereza en tu viaje.

Instrucciones:

1. Encuentra un lugar tranquilo y cómodo donde puedas escribir sin interrupciones.

2. Tómate unos minutos para respirar profundamente y centrarte en el presente.

3. Puedes cerrar los ojos y visualizar un espacio seguro y amoroso a tu alrededor.

4. Comienza la carta dirigiéndote a ti misma con amabilidad. Puedes comenzar por escribir: **Querida [y tu nombre]:**

5. Reflexiona sobre las ocasiones en las que te has sentido decepcionada, culpable o herida por tus decisiones

o acciones pasadas. Permítete sentir las emociones que surjan, sin juzgarte.

6. Escribe una carta de perdón a ti misma. Reconoce los errores o decisiones que te han pesado y perdónate sinceramente. Usa palabras compasivas y amorosas, como si estuvieras hablando con un amigo querido.

7. Expresa tu deseo de liberarte de cualquier culpa, vergüenza o autocrítica que hayas llevado contigo. Anima a tu yo pasado a dejar ir esas cargas.

8. Termina la carta con palabras de amor y aceptación hacia ti misma. Puedes cerrar con un mensaje de aliento como «Estoy lista para sanar y avanzar hacia un amor propio más profundo».

9. Lee la carta en voz alta o en silencio. Siente la liberación que viene con el acto de perdonarte.

Este ejercicio puede ser emocional, pero es un paso importante para sanar y construir una relación más compasiva contigo. Recuerda que todas cometemos errores y enfrentamos desafíos, pero el perdón a una misma es el camino hacia la sanación y el crecimiento.

Una vez que hayas completado esta carta del perdón, estarás mejor preparada para continuar explorando tu ser con un corazón más liviano y una mente abierta. Tu amor propio y tu desarrollo personal serán fortalecidos por este acto de autocompasión.

Ahora pon el título ***Carta del perdón a mí misma*** en una página de tu cuaderno *Mi sonrisa interior* y escribe tu carta.

10.
Ejercicios prácticos para desarrollar el amor propio

1. Espejo de la autoaceptación:

Siéntate frente a un espejo y mírate profundamente a los ojos. Mientras lo haces, repite afirmaciones positivas sobre ti misma como «Me amo y me acepto tal como soy», «Soy valiosa y merezco felicidad». Este ejercicio puede ayudarte a reprogramar tu diálogo interno.

2. Carta de amor:

Escribe una carta a ti misma en la que expreses todo el amor y la apreciación que sientes por ti. Enumera tus cualidades, logros y momentos en los que te has sentido orgullosa de quién eres. Lee esta carta siempre que necesites un recordatorio de tu valía.

3. Diario de gratitud personal:

Cada día, toma un momento para escribir tres cosas por las que estás agradecida en relación contigo misma. Pueden ser logros personales, pequeñas o grandes bendiciones, características que te gusten de ti o momentos en los que te hayas sentido orgullosa. Reflexiona sobre cómo te hacen sentir estas cosas y cómo han contribuido a tu día.

Mantener un diario de gratitud es un excelente ejercicio para enfocarte en lo positivo y fortalecer tu amor propio. Además, observa cómo tu percepción de la vida se vuelve más positiva con el tiempo.

Desarrollar el amor propio es un proceso continuo, y estos ejercicios prácticos te ayudarán a continuar tu viaje hacia una relación más saludable y profunda contigo. Seguirás conociendo estrategias adicionales para fortalecer tu amor propio y aumentar tu autoestima.

11.
Establece
límites saludables

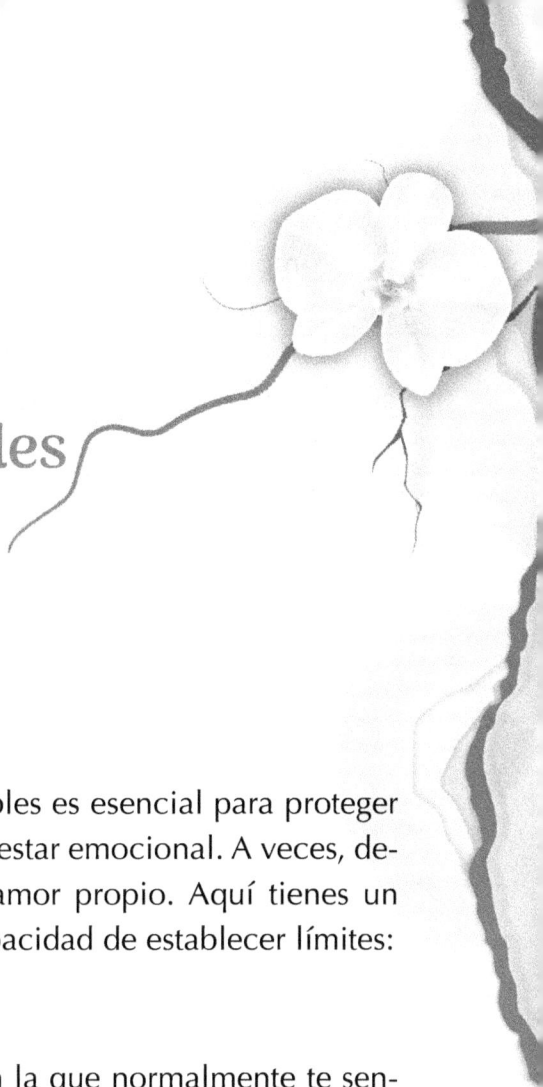

E stablecer límites saludables es esencial para proteger tu amor propio y tu bienestar emocional. A veces, decir «no» es una muestra de amor propio. Aquí tienes un ejercicio para fortalecer tu capacidad de establecer límites:

Práctica de decir «no»

1. Piensa en una situación en la que normalmente te sentirías incómoda diciendo «no» o estableciendo límites.

2. Practica decir «no» de manera asertiva, pero amable en esa situación. Por ejemplo, si alguien te pide hacer algo que no deseas hacer, puedes responder con algo como: «Aprecio que me lo hayas pedido, pero en este momento, no puedo comprometerme».

3. Observa cómo te sientes después de establecer ese límite y cómo se desarrolla la situación. A lo largo del tiempo, te sentirás más cómoda y segura estableciendo límites.

Al elevar tu amor propio a un nivel superior a través de la autocompasión, la capacidad de establecer límites y la conexión constante con tu propósito, estarás mejor equipada para enfrentar los desafíos de la vida y vivir con un mayor sentido de plenitud y satisfacción. Recuerda que el amor propio es un viaje continuo y que mereces el amor y el cuidado que te ofreces a ti misma.

12.
El poder
de la confirmación

Un ejercicio poderoso para descubrir y afirmar tu autenticidad es poner en práctica el ejercicio del mensaje de texto de la confirmación. Toma tu teléfono y envía un mensaje de texto a una persona que te ame y te conozca profundamente, ya sea un familiar cercano o tu mejor amigo. Pídeles que te compartan lo que valoran más de ti y cuáles creen que son tus cualidades más auténticas.

El mensaje podría ser algo así:

«¡Hola, [nombre de la persona]! Espero que estés bien. Estoy trabajando en mi viaje de autenticidad y amor propio, y me gustaría mucho saber tu opinión. ¿Qué es lo que más valoras de mí y cuáles crees que son mis cualidades más auténticas? Tu perspectiva es muy importante para mí. ¡Gracias!».

Las respuestas que recibirás de estas personas serán un recordatorio amoroso y sincero de tus cualidades y autenticidad. A menudo, verás que te valoran por las mismas características que a veces puedes subestimar en ti misma. Este ejercicio te ayudará a fortalecer tu comprensión de quién eres realmente y a ganar confianza en tu autenticidad.

13.
Reconoce tus fortalezas y debilidades

Nadie es perfecto, y todos tenemos fortalezas y debilidades. Reconocer tus fortalezas te ayudará a aumentar tu autoconfianza y, reconocer tus debilidades, te dará la oportunidad de trabajar en ellas de manera constructiva. Anímate a hacer la lista de cada una de ellas. Es importante para tu desarrollo personal y para conocerte aún más.

Debilidades

La tarea de identificar las debilidades comienza con la autobservación. Este proceso requiere una honestidad radical con una misma, un compromiso de mirar más allá de las justificaciones y enfrentar la realidad de nuestras limitaciones. A continuación, comparto algunos pasos para facilitar este proceso:

1. **Autoevaluación honesta:** Dedica tiempo a reflexionar sobre tus acciones y comportamientos. Puedes escribir

tus pensamientos y observaciones sobre situaciones en las que sentiste que no rendiste al máximo.

2. **«Feedback» de otros:** Pide retroalimentación a personas de confianza, como amigos, familiares o colegas. Asegúrate de que sean personas que te darán opiniones honestas y constructivas.

3. **Identificación de patrones:** Observa si hay patrones recurrentes en tus errores o áreas donde regularmente enfrentas desafíos. Esto puede ayudarte a identificar debilidades específicas.

4. **Pruebas de autoconocimiento:** Realiza pruebas de personalidad o de habilidades profesionales que pueden proporcionar «insights» o mayor comprensión sobre tus áreas de mejora.

Trabaja con las debilidades de manera constructiva

- **Educación y capacitación:** Una vez que identifiques una debilidad, busca cursos o talleres que te ayuden a mejorar esa área. Por ejemplo, si te cuesta hablar en público, podrías inscribirte en un curso de oratoria.

- **Práctica deliberada:** Practica habilidades específicas relacionadas con tu debilidad. Por ejemplo, si tu debilidad es la gestión del tiempo, intenta utilizar técnicas como el método «pomodoro» para mejorar tu eficiencia.

- **Mentoría:** Busca a alguien que sea fuerte en el área donde tienes debilidades. Un mentor puede ofrecerte consejos valiosos y mostrarte cómo manejar situaciones similares de manera efectiva.

- **Establecer metas pequeñas:** Divide tu objetivo principal en metas más pequeñas y manejables. Esto te ayudará a ver progreso y a mantener la motivación.

- **Reflexión continua:** Continúa evaluando tu progreso regularmente y ajusta tu enfoque según sea necesario. La reflexión puede ayudarte a entender mejor cómo estás avanzando y qué métodos funcionan mejor para ti.

Desarrolla tus habilidades y talentos

Creer en tu potencial implica desarrollar tus habilidades y talentos. No importa cuál sea tu objetivo, el aprendizaje constante y el mejoramiento personal te acercarán más a él.

Ejercicio práctico: Plan de desarrollo de habilidades

1. Identifica una habilidad o talento que te gustaría desarrollar o mejorar para alcanzar tus metas.

2. Investiga recursos, cursos o libros que te ayuden a adquirir o mejorar esa habilidad.

3. Crea un plan de desarrollo de habilidades que incluya un calendario para aprender y practicar de manera constante.

4. Lleva un registro de tu progreso y celebra tus logros a medida que te acerques a tus objetivos.

Mantén la motivación

Mantener la motivación a lo largo de tu viaje de desarrollo personal es esencial para creer en tu potencial y alcanzar tus metas. Aquí tienes diez técnicas para mantener la motivación:

1. **Visualización:** Visualiza tus metas logradas con lujo de detalles para mantenerte enfocada en el resultado.

2. **Recordatorios visuales:** Crea un tablero de visión («vision board») con imágenes que representen tus metas y colócalo en un lugar visible. También puedes crear un vídeo con fotos de lo que quieres lograr y lo puedes reproducir diariamente para que te mantengas enfocada.

3. **Establece recompensas:** Celebra tus logros con pequeñas recompensas que te motiven a seguir adelante.

4. **Establece plazos:** Asigna fechas límites realistas para tus metas para crear un sentido de urgencia.

5. **Encuentra un mentor o modelo a seguir:** Busca a alguien que haya alcanzado objetivos similares y aprende de su experiencia.

6. **Mantén un diario:** Anota tus logros, avances y desafíos para mantener un registro tangible de tu progreso.

7. **Rodéate de apoyo:** Comparte tus metas con amigos o familiares que te puedan animar y apoyar.

8. **Enfócate en el progreso, no en la perfección:** Reconoce que el progreso constante es más importante que la perfección.

9. **Haz pausas y descansa:** El descanso adecuado te ayudará a mantener la energía y la motivación.

10. Afronta los obstáculos de manera positiva: Mira los desafíos como oportunidades de aprendizaje y crecimiento.

Al aplicar estas técnicas y ejercicios, te sentirás más capacitada para creer en tu potencial y alcanzar tus metas con confianza y determinación. La motivación constante te ayudará a superar los obstáculos y a mantenerte enfocada en tu camino hacia el éxito.

Celebración de tus logros

Es importante celebrar tus logros y reconocer tu crecimiento en el viaje del amor propio. Aquí tienes un ejercicio:

Ejercicio práctico: Celebración de logros

Lleva un registro de tus logros, grandes o pequeños, a medida que avanzas en tu viaje de desarrollo personal. Celebra cada logro, reconociendo el trabajo y la dedicación que has invertido en ti misma. Mantén un sentido de gratitud por tu progreso y por la persona en la que te estás convirtiendo.

La combinación de amor propio y propósito de vida puede llevarte a una vida significativa y llena de satisfacción. Al aplicar estos ejercicios y pasos en tu viaje, estarás en el camino hacia una vida que te inspira y te llena de alegría. Recuerda que cada paso que tomas te acerca más a vivir con autenticidad y propósito.

14.
Establece metas con una buena autoestima: «Mi visión de futuro»

1. Tómate un tiempo para reflexionar sobre tus sueños y objetivos a largo plazo. ¿Qué te gustaría lograr en diferentes áreas de tu vida?: carrera, relaciones, salud y desarrollo personal

2. Escribe estas metas de manera clara y específica. Por ejemplo: «Avanzo en mi carrera y obtengo un ascenso como gerente en el mes de diciembre del año 2024».

3. Ahora, reflexiona sobre tus habilidades, talentos y logros pasados. Escribe una lista de tus fortalezas y logros que respalden la creencia de que eres capaz de alcanzar estas metas.

4. Para cada objetivo, escribe una breve declaración que refuerce tu autoestima y te motive. Por ejemplo: «Soy capaz de asumir este desafío y alcanzar mi objetivo con determinación y confianza».

5. Coloca tu lista de metas y afirmaciones en un lugar visible como tu escritorio o tablero de visión. Revísala regularmente para mantenerte enfocado y motivado.

6. Este ejercicio te ayudará a establecer metas con una base sólida de autoestima. Al enfocarte en tus fortalezas y reforzar tu confianza en tu capacidad para lograrlas, te sentirás más capacitado y motivado para perseguir tus sueños con determinación.

Establece metas específicas y en presente

Las metas son el camino hacia la realización de tu potencial. Para aumentar la confianza en ti misma, es esencial que tus metas sean específicas, realistas y escritas en tiempo presente. Esto te ayudará a visualizar tus logros y a sentirte más cerca de ellos.

Ejercicio práctico: Definición de metas en tiempo presente

1. Elige una meta importante para ti, como avanzar en tu carrera, mejorar tus relaciones o alcanzar un objetivo personal.

2. Escribe esta meta de manera específica y en tiempo presente. Por ejemplo: «Estoy avanzando en mi carrera como [tu profesión] y disfruto de mi trabajo todos los días».

3. Divide esta meta en pasos más pequeños y alcanzables. Crea un plan de acción detallado para cada paso.

4. Revisa y ajusta tu plan de acción periódicamente para mantenerte en el camino hacia tus metas.

15.
Descubre tu potencial

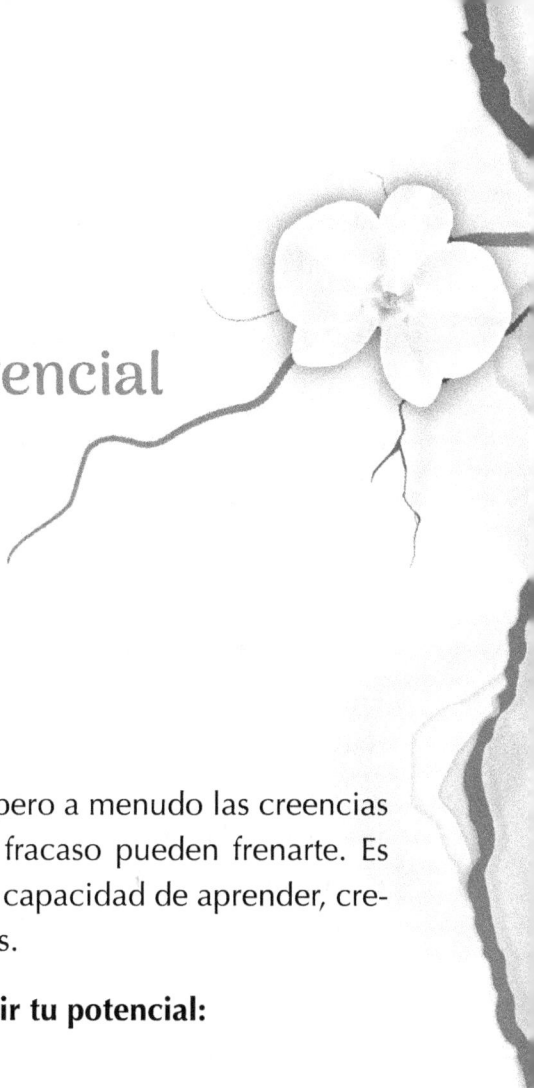

Tu potencial es ilimitado, pero a menudo las creencias limitantes y el miedo al fracaso pueden frenarte. Es crucial reconocer que tienes la capacidad de aprender, crecer y lograr lo que te propongas.

Sigue estos pasos para descubrir tu potencial:

Paso 1: Autoevaluación

Tómate un tiempo para reflexionar sobre tus fortalezas, debilidades, intereses y pasiones. Haz una lista de tus logros y éxitos anteriores, así como de tus áreas de mejora. Esta autoevaluación te ayudará a tener una visión más clara de quién eres en este momento.

Paso 2: Establece metas inspiradoras

Define metas que te entusiasmen y te inspiren. Estas metas deben ser desafiantes pero alcanzables, y deben estar alineadas con tus valores y pasiones. Las metas inspiradoras te darán un propósito y una dirección clara para trabajar hacia tu potencial máximo.

Paso 3: Aprende y desarrolla

Identifica las habilidades y conocimientos que necesitas para alcanzar tus metas. Invierte tiempo en aprender y desarrollarte en esas áreas. Ya sea a través de la educación formal, cursos en línea, lectura de libros o mentoría, busca oportunidades para crecer y mejorar.

Paso 4: Persistencia y resiliencia

Entiende que el camino hacia el descubrimiento de tu verdadero potencial puede tener obstáculos y desafíos. La persistencia y la resiliencia son clave. Aprende a superar los fracasos y las adversidades mirándolas como oportunidades de aprendizaje y crecimiento. Mantén el enfoque en tus metas y no te desanimes fácilmente.

Paso 5: Actúa y evalúa

Pon en práctica lo que has aprendido y trabaja de manera constante hacia tus metas. Periódicamente, evalúa tu progreso y ajusta tu enfoque si es necesario. La acción continua te acercará cada vez más a tu verdadero potencial, y la evaluación te permitirá hacer mejoras constantes en el camino.

Recuerda que descubrir tu verdadero potencial es un viaje continuo y personal. No hay un destino final, pero a medida que te esfuerzas por alcanzar tus metas y crecer como individuo, te acercarás cada vez más a tu máximo potencial.

16.
Tú en el futuro

Descubre tu propósito de vida

El ejercicio del «Yo futuro» es una poderosa herramienta de reflexión y planificación que puede inspirarte a actuar de manera coherente con tus deseos y aspiraciones a largo plazo, y esto te ayudará a construir la vida que realmente deseas. Además, es un ejercicio efectivo para iniciar un diálogo constructivo con tu yo futuro e implica la visualización y la escritura. Aquí tienes una guía paso a paso para realizar este ejercicio:

Paso 1: Preparación

- Encuentra un lugar tranquilo y sin distracciones para realizar este ejercicio.

- Ten a mano una libreta y un bolígrafo o abre una aplicación de notas en tu dispositivo si prefieres escribir digitalmente.

Paso 2: Visualización

- Cierra los ojos y concéntrate en tu respiración durante unos minutos para relajarte.

- Imagina un lugar tranquilo y sereno donde te sientas cómoda. Puede ser una playa, un bosque o cualquier otro entorno que te inspire paz.

- Visualiza a tu yo futuro. Imagina que estás hablando contigo misma en un momento en el futuro, por ejemplo, cinco años a partir de ahora. Trata de ser lo más específica posible en cuanto a la edad, la apariencia y el entorno de tu yo futuro.

Paso 3: Iniciar el diálogo

- Comienza a hablar con tu yo futuro. Puedes hacerlo en voz alta o en tu mente, según te sientas más cómoda.

- Formula preguntas específicas sobre tu vida, tus metas, tus logros y tus preocupaciones. Por ejemplo, podrías preguntar: «¿Cómo lograste alcanzar tus metas profesionales?» o «¿Cuáles fueron los desafíos más grandes que enfrentaste en los últimos años y cómo los superaste?».

- Imagina que tu yo futuro te responde de manera honesta y reflexiva.

Paso 4: Registra tus respuestas

- Abre tus ojos y toma tu libreta o dispositivo para anotar las respuestas que recibes de tu yo futuro. Escribe tanto las preguntas como las respuestas tal como las recuerdes.

- No te preocupes por la coherencia o la gramática en este punto; lo importante es capturar tus pensamientos tal como se presentaron en la visualización.

Paso 5: Reflexión

- Una vez que hayas completado el diálogo, tómate un momento para reflexionar sobre las respuestas que recibiste. ¿Hay patrones o consejos que puedas identificar? ¿Cómo te hacen sentir las palabras de tu yo futuro?

- Utiliza esta información para establecer metas y tomar decisiones en tu vida presente.

Este ejercicio de diálogo con tu yo futuro puede ser una herramienta poderosa para obtener perspectivas valiosas y motivación para trabajar hacia tus metas. A medida que avanzas en la vida, puedes repetir este ejercicio para ajustar tus objetivos y seguir creciendo.

1. Toma un momento para visualizar tu vida ideal en el futuro. ¿Qué te gustaría lograr? ¿Cómo te gustaría sentirte?

2. Escribe una carta a tu «Yo futuro», describe tu visión y tus aspiraciones. Sé lo más específica posible.

3. Lee esta carta a intervalos regulares como una fuente de inspiración y dirección a medida que trabajas en descubrir y vivir tu propósito.

17.
La sonrisa como herramienta de empoderamiento

La sonrisa es una de las expresiones más poderosas y universales de la humanidad. Va más allá de ser una simple manifestación de felicidad; es una herramienta de empoderamiento que puede mejorar tu estado de ánimo, tu relación contigo misma y tu interacción con los demás.

Beneficios de sonreír

Sonreír con propósito ofrece una serie de beneficios significativos para tu vida:

1. **Mejora el estado de ánimo:** La sonrisa libera endorfinas, neurotransmisores que elevan el ánimo y reducen el estrés.

2. **Reduce el estrés:** Una risa genuina puede reducir los niveles de cortisol, la hormona del estrés.

3. **Fortalece el sistema inmunológico:** Sonreír puede mejorar la función inmunológica, lo que te ayuda a mantenerte saludable.

4. **Mejora las relaciones:** Una sonrisa cálida y amigable hace que sea más fácil conectarse con los demás y construir relaciones sólidas.

5. **Aumenta la confianza:** Sonreír te hace sentir más segura y mejora tu autoimagen.

La sonrisa de la gratitud

1. Dedica unos minutos cada mañana a practicar la **sonrisa de la gratitud**. Siéntate en silencio y reflexiona sobre las cosas por las que te sientes agradecida en tu vida.

2. Mientras piensas en estas cosas, deja que una sonrisa genuina se forme en tu rostro. Siente cómo la gratitud llena tu corazón.

3. Haz esto todos los días durante al menos una semana y observa cómo cambia tu estado de ánimo y tu percepción general de la vida.

La sonrisa en el espejo

1. Frente a un espejo, mírate a ti misma con atención. Observa tu expresión facial inicial.

2. Luego, comienza a sonreír lentamente, permitiendo que tu sonrisa se extienda por todo tu rostro.

3. Mantén la sonrisa durante al menos 30 segundos mientras te observas en el espejo. Mira cómo cambia tu expresión y nota cómo te sientes en ese momento.

La sonrisa como herramienta de conexión

La sonrisa es una poderosa herramienta de conexión con los demás. Puede romper barreras y fomentar relaciones más auténticas y profundas. Aquí te presento un ejercicio práctico para utilizar la sonrisa como herramienta de conexión:

Durante una semana, desafíate a sonreírle a cinco personas cada día, incluso si son desconocidas. Lleva un registro de cómo reaccionan las personas ante tu sonrisa y cómo te sientes después de cada interacción.

La sonrisa de empatía

En tus interacciones cotidianas, presta atención a las expresiones faciales de las personas con las que interactúas. Cuando notes que alguien parece estar pasando por un momento difícil o necesita apoyo, regálale una sonrisa cálida y comprensiva. Observa cómo cambia la dinámica de la conversación y nota cómo te sientes al utilizar la sonrisa como una expresión de empatía.

La sonrisa como expresión de confianza y positividad

La sonrisa no solo conecta con los demás, sino que también te ayuda a proyectar confianza y positividad. Al sonreír, comunicas que te sientes segura y que tienes una perspectiva positiva de la vida. Aquí tienes un ejercicio para trabajar en tu sonrisa como expresión de confianza y positividad:

Ejercicio práctico: La sonrisa de la confianza

Practica mantener una sonrisa en situaciones en las que normalmente te sentirías nerviosa o insegura, como antes de una presentación o una entrevista.

Visualiza una situación en la que necesitas confianza y positividad. Luego, imagina que sonríes con seguridad y tranquilidad. Practica este ejercicio de visualización regularmente para fortalecer la conexión entre tu sonrisa, la confianza y la positividad.

La sonrisa con propósito

Integrar tu propósito en tu vida cotidiana a través de la sonrisa puede ayudarte a manifestar tus objetivos de manera más efectiva. Cuando sonríes con emoción y sentimiento, estás enviando señales positivas al cerebro que pueden influir en tus acciones y resultados. Realiza este ejercicio:

Ejercicio práctico: Sonrisa con propósito

Reflexiona sobre tu propósito en la vida y lo que deseas lograr. ¿Cuáles son tus objetivos y aspiraciones?

Todos los días, al despertar y antes de dormir, dedica unos minutos a visualizar tus objetivos mientras sonríes con emoción. Imagina que ya has alcanzado tus metas y siente la alegría y satisfacción que esto te brinda.

A medida que avanzas en tu día, sonríe con confianza y alegría, recordando tus objetivos y propósito.

Observa cómo esta práctica te ayuda a mantenerte enfocada y a tomar acciones alineadas con tus metas.

Sonreír con propósito es una forma poderosa de mejorar tu bienestar emocional y tu amor propio. A medida que incorpores estas prácticas en tu vida diaria, experimentarás cómo una simple sonrisa puede generar cambios significativos en tu actitud y en tus relaciones con los demás.

De sonrisa a carcajada

Reír a carcajadas es un ejercicio práctico que puede tener un impacto positivo en tu estado de ánimo y bienestar general. Realiza este ejercicio sencillo:

Pasos para el ejercicio *de sonrisa a carcajadas*:

1. **Encuentra un lugar tranquilo:** Busca un lugar donde te sientas cómoda y tranquila. Puede ser una habitación en tu casa, un rincón tranquilo en un parque o cualquier otro lugar donde te sientas relajada.

2. **Prepárate mentalmente:** Antes de comenzar, toma un momento para prepararte mentalmente. Libera cualquier tensión o estrés que puedas sentir y enfócate en estar presente en el momento.

3. **Comienza a sonreír:** Siéntate o párate con la espalda recta. Comienza a sonreír suavemente. No importa si la sonrisa es forzada al principio; lo importante es empezar.

4. **Imagina situaciones divertidas:** Cierra los ojos y comienza a imaginar situaciones realmente divertidas o

escenas cómicas. Pueden ser recuerdos graciosos, escenas de comedia o, incluso, situaciones absurdas. Visualiza estos momentos en detalle.

5. **Aumenta la intensidad:** A medida que te sumerges en tus pensamientos alegres, comienza a aumentar la intensidad de tu sonrisa. Hazla más amplia y genuina.

6. **Explota una carcajada:** Continúa imaginando estas situaciones cómicas y, a medida que lo haces, comienza a reír a carcajadas. No te contengas, permite que la risa fluya de manera natural.

7. **Risa contagiosa:** Imagina que tu risa es tan contagiosa que otros a tu alrededor comienzan a reír también. Disfruta de la idea de que la risa se propaga como una ola de alegría.

8. **Mantén la energía risueña:** Después de reír a carcajadas durante unos minutos, relájate y sigue sonriendo durante un tiempo más. Disfruta de la sensación de positividad y ligereza que la risa te proporciona.

9. **Reflexiona:** Después de completar el ejercicio, reflexiona sobre cómo te sientes. Es probable que notes una mejoría en tu estado de ánimo y un alivio del estrés.

10. **Practica regularmente:** Este ejercicio de «sonrisa a carcajada» puede ser realizado diariamente o cada vez que necesites un impulso de ánimo. Cuanto más lo practiques, más efectivo será.

Recuerda que la risa es una poderosa herramienta para reducir el estrés, mejorar el estado de ánimo y fortalecer el sistema inmunológico. Además, compartir momentos de risa con otras personas puede fortalecer las relaciones y crear un ambiente más positivo en tu vida. Así que, ¡ríe a carcajadas y disfruta de los beneficios que trae a tu vida!

Descubrir tu verdadera autenticidad puede ser un viaje en sí mismo. Requiere autoexploración y el coraje de enfrentar tus miedos. Abrazar tu autenticidad desbloquea tu potencial ilimitado. Cuando te atreves a ser tú misma, descubres talentos, pasiones y perspectivas únicas que te permiten hacer contribuciones significativas al mundo, que otros no pueden.

18.
El efecto de aceptar elogios en tu sonrisa con propósito

Cómo aceptar elogios con gracia

1. **Escucha atentamente:** Cuando alguien te elogie, presta atención a sus palabras. Escucha lo que dice y cómo lo dice.

2. **Agradece sinceramente:** No minimices ni rechaces el elogio. En su lugar, responde con un agradecimiento sincero como «Gracias, eso significa mucho para mí».

3. **Evita la autodevaluación:** No te menosprecies o intentes desviar el mérito hacia otros. Aceptar el elogio no implica que eres perfecta, simplemente significa que reconoces la apreciación de alguien.

4. **Comparte la alegría:** Si es relevante, comparte cómo te hace sentir el elogio. Por ejemplo: «Tu elogio me hizo sonreír y alegró mi día».

Aprender a aceptar elogios puede tener un impacto profundo en tu viaje hacia una sonrisa con propósito. Al hacerlo, permites que la positividad fluya hacia tu vida, fortaleces tus relaciones y reconoces el valor en ti misma. La sonrisa que compartes con los demás se enriquece cuando puedes aceptar con gracia los elogios que inspiras.

19.
Onda expansiva
de gratitud

La práctica regular de la gratitud puede transformar tu perspectiva y mejorar tu bienestar emocional. Realiza estos dos ejercicios prácticos para cultivar la gratitud:

Ejercicio práctico: Onda expansiva de gratitud

1. Comienza una «cadena de gratitud» con amigos o seres queridos. Envía un mensaje a alguien agradeciéndole por algo que aprecias de esa persona.

2. Anima a esa persona a continuar la cadena agradeciendo a otra persona. Esto crea una corriente de gratitud y positividad.

Ejercicio práctico: Meditación de gratitud

1. Encuentra un lugar tranquilo para sentarte o acostarte.

2. Cierra los ojos y toma algunas respiraciones profundas para relajarte.

3. Enfócate en una persona o cosa por la que te sientes agradecido. Siente esa gratitud en tu corazón.

4. Imagina que esa gratitud se expande y llena todo tu ser.

5. Mantén esta sensación de gratitud durante unos minutos y luego regresa lentamente a tu estado de alerta.

Diez ejemplos de práctica de gratitud

1. **Agradece por las relaciones:** Expresa gratitud por las personas que te apoyan y te aman.

2. **Agradece por la salud:** Valora tu bienestar físico y emocional.

3. **Agradece por la naturaleza:** Reconoce la belleza y la tranquilidad que la naturaleza proporciona.

4. **Agradece por las experiencias:** Reflexiona sobre las lecciones aprendidas a través de desafíos y alegrías.

5. **Agradece por los logros:** Celebra tus éxitos y metas alcanzadas.

6. **Agradece por las pequeñas alegrías:** Enfócate en los pequeños momentos de felicidad en la vida cotidiana.

7. **Agradece por la comida:** Valora la comida que te nutre y te brinda placer.

8. **Agradece por la educación:** Reconoce la oportunidad de aprender y crecer.

9. **Agradece por el tiempo:** Valora el tiempo que pasas con seres queridos y en actividades que disfrutas.

10. Agradece por el amor propio: Practica la gratitud hacia ti misma, reconociendo tus propias cualidades y auto-aceptación.

La gratitud puede ser una práctica transformadora que fortalece tu amor propio y te conecta con el mundo que te rodea. Al incorporar estos ejercicios y ejemplos en tu vida diaria, descubrirás que el amor propio y la gratitud pueden conducir a una vida más rica y satisfactoria.

Me despido con una sonrisa de satisfacción

En este viaje a lo largo de las páginas de *Sonrisas con propósito*, has explorado los rincones más profundos de tu ser en busca de amor propio y un propósito en la vida. También has desenterrado emociones, desafíos y triunfos, te he proporcionado herramientas prácticas y confío haberte inspirado con historias de éxito. Ahora, al llegar al final de este libro, es importante recordar que tu travesía hacia el amor propio y tu propósito de vida es un viaje continuo.

Has aprendido que el amor propio es la base de una vida plena y satisfactoria. A través de la autocompasión, la autoafirmación y la gratitud, has fortalecido la relación que tienes contigo misma. Has descubierto que tu sonrisa es una poderosa herramienta que puede influir en tus emociones y conexiones con los demás.

También has explorado la importancia de encontrar y seguir tu propósito de vida. A través de la autoexploración y la planificación cuidadosa, estás en camino de vivir una vida con significado y contribución.

La integración del amor propio en tu propósito te ha brindado la confianza y la fuerza necesarias para perseguir tus sueños con determinación. Has aprendido a establecer límites saludables, a cuidarte a ti misma y a celebrar tus logros.

Recuerda que cada paso que has dado en este viaje es un logro en sí mismo. Los desafíos que has enfrentado han fortalecido tu resiliencia, y cada momento de gratitud ha ampliado tu aprecio por la vida.

A medida que te adentras en el futuro, lleva contigo las lecciones aprendidas en estas páginas. **La sonrisa en tus labios es un recordatorio constante de que eres valiosa y digna de amor,** y tu propósito de vida es la brújula que guiará tus acciones y decisiones.

Mantén la llama del amor propio encendida y sigue buscando tu propósito, porque en esta vida, cada una de nosotras tiene un papel especial que desempeñar. Tu sonrisa tiene un propósito, y ese propósito es brillar con amor propio y contagiarlo a todas las personas que te rodean. Cuando lo haces, inspiras y motivas a las demás a quererse y valorarse a través de tu ejemplo. Al mostrar tu autoestima y autocuidado, animas a otras a hacer lo mismo, lo cual crea un efecto positivo en tu entorno.

En cada amanecer, en cada desafío y en cada alegría, recuerda llevar tu sonrisa con propósito porque has llegado a este mundo para hacerlo un lugar más luminoso y amoroso con la belleza de tu autenticidad.

Gracias por permitirme acompañarte en este viaje. Tu historia de amor propio y propósito es única y valiosa, y te deseo todo el éxito y la felicidad en el camino que has elegido. ¡Sonríe con propósito y vive con pasión!

Mi invitación para ti

Saca una foto de tu diario Mi sonrisa interior y etiqueta o «taguea» la página Sonrisas Con Propósito en las redes sociales:

- **Instagram:** www.instagram.com/sonrisas_conproposito (la dirección tiene solo un guión bajo).

@sonrisas_conproposito

- **Facebook:** www.facebook.com/sonrisasconproposito/

@sonrisasconproposito

- **Estoy disponible para ti en:**
  - sonrisasconpropositoinfo@gmail.com

Epílogo: El labio leporino

El labio leporino es una malformación congénita que afecta el labio superior de un recién nacido, creando una abertura en forma de hendidura que puede extenderse hacia la nariz. Esta fisura puede ser a un lado del labio (unilateral) o a ambos lados (bilateral), y en algunos casos, puede ir acompañada de una fisura en el paladar, conocida como paladar hendido.

Cuando uno se enfrenta a la realidad de un labio leporino, ya sea como paciente, padre, o cuidador, se encuentra inmerso en un viaje lleno de desafíos emocionales y físicos. Me siento honrada de tener la oportunidad de compartir esta perspectiva y ayudar a aumentar la comprensión y la empatía hacia aquellos que viven con esta condición. En mi experiencia, he observado cómo esta condición puede afectar profundamente la vida de una persona y la de su familia.

Desde una perspectiva física, las cirugías correctivas son una parte esencial del tratamiento. Estas intervenciones pueden empezar a una edad temprana, a menudo antes de que el niño cumpla un año, y pueden continuar durante varios años para corregir la apariencia del labio y el paladar. Estas cirugías son llevadas a cabo por un equipo de profesionales médicos altamente especializados, como cirujanos plásticos y ortodoncistas.

Más allá de los aspectos físicos, la condición de labio leporino puede tener un profundo impacto emocional y psicológico en quienes la padecen. La apariencia facial es una parte crucial de nuestra identidad, y el labio leporino puede llevar a una persona a sentirse diferente o aislada. Por eso, el apoyo emocional y psicológico es fundamental en el proceso de tratamiento

A medida que he investigado y aprendido más sobre esta condición, he llegado a apreciar la resiliencia y la fortaleza de las personas que viven con labio leporino, así como la importancia de la concienciación y la comprensión en la sociedad. Romper los estigmas y la discriminación es esencial para permitir que quienes la padecen se sientan aceptados y valorados en todas las áreas de la vida.

Como autora, habiendo padecido esta condición, te agradezco que hayas leído estas páginas. Mi esperanza es que al compartir mi historia, se fomente una mayor empatía hacia las personas con labio leporino. Que este libro sirva de

inspiración y apoyo a todos los que enfrentan esta condición. Juntos, podemos construir un mundo más inclusivo
y comprensivo. Gracias por acompañarme en este viaje.

Sherly

Sobre la autora

Sherly Santiago es una destacada educadora y directora de escuela, nacida en Hormigueros, Puerto Rico. Como conferenciante, Gilmarie ofrece charlas dirigidas a maestros, madres y padres sobre diversos temas que incluyen el desarrollo de la niñez, el desarrollo socioemocional, el cooperativismo, la familia, las destrezas de comunicación escrita y oral, la creatividad y el desarrollo cognitivo. Además, imparte talleres a adolescentes sobre autoestima y desarrollo personal.

Motivada por su propia historia y condición de labio leporino, Sherly creó *Sonrisas con Propósito by Sherly*, una plataforma en redes sociales que utiliza para inspirar y apoyar a mujeres a amarse, respetarse y valorarse tal como son, fortaleciendo su autoestima. Su proyecto *Sonrisas con Propósito by Sherly*, está activo en las redes sociales como Facebook, Instagram y en su canal de YouTube.

La autora cuenta con certificaciones en Neurociencia Cognitiva por la Universidad La Salle a través de CEREBRUM, y es especialista en autismo certificada por el International Board of Credentialing and Continuing Education Standards (IBCCES). También es Especialista CDA en desarrollo profesional, capacitada para evaluar candidatos en educación infantil. Posee una maestría en Administración y Supervisión Educativa otorgada por la Pontificia Universidad Católica de Puerto Rico, así como un doctorado en Educación y Pedagogía de Bircham International University, España.

Sherly Santiago dirige el Colegio La Monserrate, en Hormigueros, donde lidera los niveles intermedio y superior. Se ha desempeñado como maestra de español para séptimo y octavo grado.

Su pasión por la lectura, especialmente en temas de no ficción, le ha permitido mantenerse constantemente actualizada y comprometida con su desarrollo personal y profesional. Además, su amor por la tecnología y la neuroeducación la impulsa a seguir educándose en estos temas y compartir sus conocimientos con los demás.

Bibliografía

Brown, B. (2018). *Hazlo con miedo: Cómo la vulnerabilidad transforma el liderazgo, el amor, la crianza y la vida.* Zenith. Estados Unidos

Ferrer, E. P. (2015). *La magia del orden: Herramientas para ordenar tu casa... ¡y tu vida!* Editorial Agape Libros. España

Nichols, L. (2015). *Abundance Now: Amplify Your Life & Achieve Prosperity Today.* HarperCollins. Estados Unidos

Pittini Braz, K. (7 de enero de 2024). *El Observador.* Obtenido de https://www.elobservador.com.uy/nota/las-implicancias-cerebrales-de-sonreir-y-su-incidencia-en-la-salud-y-el-desempeno-2024175011

Ruiz, M. (1997). *Los cuatro acuerdos: Una guía práctica para la libertad personal.* Ediciones Urano. México

Sinek, S. (2017). *Encuentra tu porqué: Una guía práctica para descubrir tu propósito y el de tu equipo.* Conecta. Estados Unidos

Sharma, R. S. (2004). *El líder que no tenía cargo: Una fábula moderna sobre el liderazgo en la empresa y en la vida.* Debolsillo. Canadá

Yim, J. (2016). Therapeutic Benefits of Laughter in Mental Health: A Theoretical Review. *The Tohoku Journal of Experimental Medicine*, 239 (3), 243-249. Japón

www.ingramcontent.com/pod-product-compliance
Lightning Source LLC
Chambersburg PA
CBHW070037100426
42740CB00013B/2716